HUGIBOOKS

HUGIBOOKS

獵豹
閱讀法

如何快速讀透一本書

吳珊珊 ——— 著

前言

當你決定開始閱讀時,是否遇到了以下煩惱:

一、沒興趣。拿起書來翻不了幾頁就放下了。也許一年下來,打開了一本書,卻一直停留在第一頁上。讀書不像玩遊戲、追劇,不易給人帶來感官刺激和回饋,所以很多人對讀書提不起興趣。因為不愛閱讀,導致發展受限。

二、速度慢。這類讀者喜歡閱讀,但速度很慢,一年讀不了幾本書。閱讀速度慢,有時候是因為需要細讀內容,但大多數情況下,只是因為沒有掌握高效的閱讀方法而已。閱讀速度慢,會無意義地消耗大量的寶貴時間。

三、理解難。耐著性子堅持讀完一本書,看完後卻覺得很茫然,好像讀到了什麼,又好像什麼也不知道。「讀完一本書,如看數萬字」。在遇到新理論、看到新詞彙時,如果覺得深奧、晦澀,就很容易失去讀書的信心。

四、不會用。書倒是讀了不少,但讀完就丟在一邊,拋諸腦後,變成了讀書是讀書,生活是生活,完全脫節。如果

閱讀對生活和工作來說全無裨益，就會覺得閱讀無用，甚至覺得閱讀法是「屠龍術」。

以上閱讀的 4 大痛點，是不是說出了你的心聲？

其實，現在很多人已經認識到了閱讀的重要性。線下和線上關於如何閱讀的書籍和課程很多，但是學習後閱讀的痛點仍在，為什麼？

Facebook 創始人兼首席執行官馬克・祖克伯（Mark Zuckerberg），每兩週閱讀一本書，前兩年他還在 Facebook 上發表了自己的挑戰計畫，就是每讀完一本書就寫一篇讀書筆記。直到現在，他的書單還時有更新。

特斯拉創始人伊隆・馬斯克（Elon Musk）在 2015 年一期訪談節目中被問及「作為一個火箭行業的門外漢，你是如何在短時間內成為一名火箭專家的」時，他笑著回答：「顯而易見，多讀書。」

少年時代的馬斯克就酷愛讀書，終日與書為伴，甚至達到了「嗜書」的程度。在接受《紐約客》雜誌採訪時，馬斯克坦言，當同齡人都在戶外遊戲的時候，他會躲在家裡看書，而且自己大部分瘋狂的想法也都來自書籍。馬斯克一天可以讀完兩本書，他的閱讀速度是常人的 60 倍。因此，馬斯克在朋友圈也有了「移動的百科全書」的稱號。

大家可能覺得他們作為成功人士，一定天賦異稟。事實上，他們的智商水準跟我們普通人差不多，只是他們的意志力超越常人，並且善用技能和方法，所以能取得事半功倍的效果。

　　一天讀兩本書，一分鐘閱讀數千字，顯然僅靠常規的閱讀方法和技能是無法達成的。除了興趣、意志力這些因素之外，還有哪些因素制約著我們的閱讀呢？

　　是的，閱讀不僅需要興趣，更需要方法。

　　大家需要的是一套真正適合大眾，既成熟有效、又簡單易行的高效閱讀方法。

　　我從事高效閱讀訓練工作已有 8 年。

　　很多人曾好奇地問我，**你是如何做到堅持每天閱讀還進行心智圖輸出的？你的學員為何能在世界性閱讀大賽中包攬全場各項大獎？你的學員為何能輕鬆做到年閱讀量超過 100 本？**

　　8 年來，我透過大量閱讀，探索高效閱讀方法；8 年來，我向美國、英國和日本的閱讀大師學習；8 年來，我跟隨國內閱讀大師進行專門訓練，持續至今；8 年來，我和我的學員們參加了世界性的閱讀比賽，獲得了非凡的戰績。

　　我將多年來有意識累積的、系統化的閱讀訓練成果以及在閱讀訓練營中的教學實踐經驗，總結成一套既有鮮明個人

特色，又系統成熟的高效閱讀方法，我將其命名為——**獵豹閱讀法**。

獵豹閱讀法的核心是什麼？

在紀錄片《動物世界》中，我們可以看到：

獵豹有著迷人的大眼睛，在狩獵的過程中，會根據目光掃描到的特定環境來捕獲獵物。它的形體獨具流線之美，使得它奔跑時可以在3秒內從靜止瞬間加速到接近100公里/小時，這是跑車也難以達到的速度。捕獵時，它的策略是放棄大多數看似容易捕捉的獵物，只攻擊成功率最高的獵物。它的神情專注、目標單一，一旦瞄準獵物，一擊必成，確保自己可以獲得最高的生存能量。日常生活中，獵豹會結成捕獵聯盟，合作謀生，抱團成長。

事實上，高效人士的閱讀方法，也是緊緊圍繞目標、環境、速度、準確度以及實用性展開的。他們的成功是因為放棄了很多可以做到，但不是必須要做的事情，全心專注於最重要的事情。

獵豹閱讀法的核心，就是運用科學原理，透過分解任務訓練閱讀，達到速度、理解能力同步提升，並能有效運用，解決閱讀活動中的4大痛點沒興趣、速度慢、理解難、不會用。

跟著獵豹學興趣：利用動機形成的「期望 × 價值」理論，靈活運用不同的興趣激發策略，培養人們的閱讀興趣。

跟著獵豹學速度：速度的實質，在於熟練、專一。循序漸進，掌握各種閱讀技能，閱讀時專注於目標，不貪多，閱讀速度自然會提升。

跟著獵豹學理解：假設把閱讀整體看成是一個專案，理解則代表能勝任這個專案的核心。抓重點、抓主旨、抓關鍵詞，才能提綱挈領，綱舉目張。

跟著獵豹學運用：將學到的閱讀技能應用於實踐，並透過實踐的回饋來改善方法，讓書面上的方法真正成為自己的傍身技能，終身受益。

最重要的是，這本關於獵豹閱讀法的書，不僅是我多年來在閱讀訓練方面的探索和感悟，是我多年心血的結晶，也是我教學實踐的成果，而且是經由數千名學員訓練、實踐，被證明行之有效的方法。

在這本書裡，我努力把複雜的問題通俗化，把煩瑣的流程簡單化，幫助大家更有效達成閱讀目標。

從這本書開始,我將引導你啟動閱讀訓練,期待閱讀最終成為你的習慣,成為一種生活方式。

目錄

前言 / 004

01 燃起興趣
喚醒內心，愛上閱讀

閱讀為什麼重要 / 014
愛上閱讀：興趣加行動 / 022
學習心法，提升閱讀效率 / 028
從微行動開始，培養閱讀習慣 / 037

02 加速「奔跑」
提升閱讀速度的武器

測一測你的閱讀速度在哪個等級 / 052
影響閱讀速度的因素有哪些 / 060
取悅大腦，才能高效閱讀 / 069
高效閱讀基礎訓練——指讀法 / 079
高效閱讀進階訓練——321 閱讀法 / 093

03 瞄準「獵物」
明確目標，準確理解

目標閱讀法，讓閱讀有價值 / 120
提取核心句，讀懂一本書 / 125
心智圖法，增強閱讀理解力 / 139

04 精準「捕獲」
高效閱讀一本書

閱讀筆記法——有效解決知識遷移問題 / 172
偵察閱讀法——興趣為王 / 186
「茶飯寵幸」4 步法——讓閱讀不再盲目 / 202
「7 個問題」公式法——快速閱讀文學作品的技巧 / 214
社會化閱讀法——讀書會 / 226

05 技能進階
快速打通一個領域

主題閱讀 / 238
文章主題閱讀法 / 251
書籍主題閱讀法 / 260
主題閱讀之最小行動 / 282

01

燃起興趣
喚醒內心，愛上閱讀

- 閱讀為什麼重要
- 愛上閱讀：興趣加行動
- 學習心法，提升閱讀效率
- 從微行動開始，培養閱讀習慣

📖 閱讀為什麼重要

為什麼要閱讀——這是我們在進行高效閱讀訓練時，首先要回答的學員的問題，也是一個繞不過去的話題。

「為什麼要登山？」「因為山在那裡！」

這句經典的回答，來自喬治・馬洛里（George Mallory）——20世紀世界最負盛名的登山家和探險家。

對於熱愛登山的人來說，雪山之巔永遠是無法遏制的嚮往。但是如果你不能理解人類征服高山的內在動力，不能理解這一挑戰實際上就是人生不斷昇華的過程，那麼也就無法真正理解登山的魅力。

透過登山，我們可以與自己的內心對話！

透過登山，我們可以激發對人生意義的新思索！

透過登山，我們可以引發對組織管理的思考！

透過登山，我們可以走出舒適區，進入對自我意志的磨鍊。經歷磨難登頂後，我們可以享受戰勝自己的榮譽感。

一句話：登山，提升了人的境界，拓展了人對生命的理解。

借助登山這個視角,我們可以更好地探尋本節的主題——為什麼要閱讀?

成功的人大多都是喜歡讀書的。

- 美國微軟公司聯合創始人比爾·蓋茲(Bill Gates)說:「每個人的生命曲線是很不同的,突破這種局限的最好方式就是讀書。」
- 美國投資家查理·蒙格(Charles Munger),這個掌管著上千億美元資金的金融大鱷說:「我這輩子遇到的來自各行各業的聰明人,沒有一個不是每天閱讀的,一個都沒有。」

如果你認為商業成功人士的觀點不具有普遍代表性,那麼我們看看古今中外的名人的觀點:

- 漢代大學問家劉向說:「書猶藥也,善讀之可以醫愚。」意思是書就像藥一樣,閱讀得法,可以醫治愚蠢的毛病。
- 蘇聯著名作家高爾基說:「書籍是人類進步的階

梯。」沒有書籍，就沒有人類文明和知識的傳承。

- 北宋詞人蘇軾說：「粗繒大布裹生涯，腹有詩書氣自華。」常讀書，不僅可以使人脫離低級趣味，養成高雅、脫俗的氣質，更重要的是，在面對人生的失意和困窘時，能擁有樂觀豁達的態度。蘇軾自己的人生就是例證。
- 英國大哲學家法蘭西斯·培根（Francis Bacon）在《論讀書》（*Of Studies*）中說：「讀書足以怡情，足以博彩，足以長才。」

事實證明，無數人因為閱讀獲益良多，取得成功。

對於普通人來說，讀書還意味著改變命運。

我們先不要急於批判這種功利性的讀書觀念。要知道，作為普通人，沒有社會資源，沒有金錢，沒有很好的背景，想要改變自己命運真的艱難。而讀書，是以最低成本改變自己命運的捷徑之一。

閱讀的功利價值無須諱言，但我們更應重視閱讀對增進閱讀者心性的價值。

心理學家愛德華‧托利‧希金斯（Edward T. Higgins）將自我概念分為三個層次：

第一個層次，實際自我（actual self）
第二個層次，理想自我（ideal self）
第三個層次，應該自我（ought self）

實際自我，是對個體實際具備的特徵的表徵。

理想自我，是對個體理想狀態下具備的特徵的表徵，代表自己所希望、願意甚至渴望達到的理想狀態，代表個體的最高目標。

應該自我，是對個體有義務和責任應該具備的特徵的表徵，代表個人的最低目標。

人具有縮小實際自我與理想自我以及應該自我之間差距的驅動力。如果實際自我與理想自我存在差距，代表著積極的結果沒有出現，這種差距會讓人出現沮喪情緒，進而促使個體產生縮小這種差距的驅動力。

實際自我與應該自我之間的差距則代表著消極結果的出現，這種差距會讓人產生焦慮情緒，進而促使個體產生縮小這種差距的驅動力。

有人說，人生是一場抵達。我們就是在從實際自我通往理想自我的旅程中，見天地、見眾生、見自己的。而閱讀，

就是個人實現自我完善、在生命的旅程中由此岸抵達彼岸過程中最簡捷的途徑。

年少時，我們都曾夢想在一生中能讀萬卷書，行萬里路。我們在內心深處期待探索自己生命更多、更好的可能性，我們渴望遇到心儀的人，渴望欣賞到壯美的風景，渴望有著非凡的經歷，渴望成就更好的自己。

實際上，這種美好的願望就是自我完善內在需求的表徵，也是我們生命中最深沉、最持久、最有力量的內驅力。

法國文學家羅曼·羅蘭（Romain Rolland）說過一句類似的話：「從來沒有人讀書，只有人在書中讀自己，發現自己或檢視自己。」

關於讀書以何種方式增進心性，英國哲學家培根在《論讀書》中對此論述精妙：「讀史使人明智，讀詩使人聰穎，算數使人縝密，自然哲學使人深刻，倫理使人莊重，邏輯與修辭使人善辯。」

讀書，不是只在咬文嚼字處下功夫，這樣不過是得到了小知識而忘卻了大道理，迷惑於文章典故而遺漏了隱微精深的言論，「錮志氣於尋行數墨之中，得纖曲而忘大義，迷影跡而失微言」。

讀書的要義，在於明白人生的大道理，確立修養自身治理社會的根本，觀察隱微精義的言論，達到精通事理、心領神會的地步，並將之付諸實踐。

人具有自我完善的天性，而**閱讀是完善自我最好的方式**。

讀書是人類的基本需求，無論你是否意識到這一點。

美國著名人本主義心理學家馬斯洛（Maslow）將人類的需要歸納為 5 個層次，從低層到高層依次為：生理需求、安全需求、歸屬需求、尊重需求和自我實現。

生理需求：人對食物、水分、空氣、睡眠、性的需要。它們在人的所有需求中是最重要的，也是最有力量的。

安全需求：表現為人們需要穩定、安全、受到保護、有秩序、免除恐懼和焦慮等。

歸屬需求：一個人有與其他人建立感情聯繫或關係的需要，如結交朋友、追求愛情、參加一個團體並在其中獲得一定地位等。

尊重需求：包括自尊和希望得到別人的尊重。尊重需求的滿足，會使人相信自己的力量和價值，在生活中變得更有能力，更富有創造性。相反，如果這種需求沒得到滿足，會使人感到自卑，沒有足夠的信心去處理問題。

自我實現：人們追求實現自我的能力或潛能，並使之完善化。

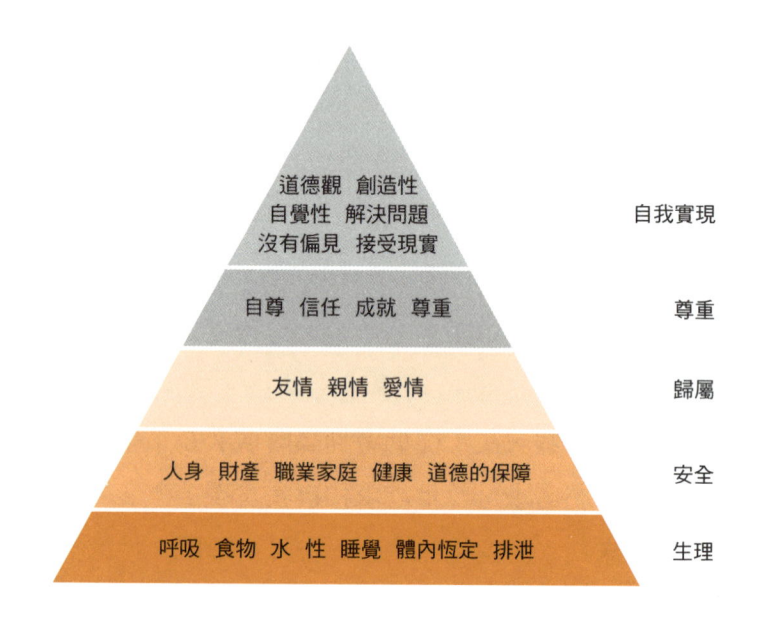

```
           道德觀  創造性
           自覺性  解決問題          自我實現
           沒有偏見  接受現實

          自尊  信任  成就  尊重      尊重

            友情  親情  愛情         歸屬

     人身  財產  職業家庭  健康  道德的保障   安全

   呼吸  食物  水  性  睡覺  體內恆定  排泄   生理
```

馬斯洛認為,這 5 種需要雖然屬於不同等級或層次的需要,但都是人們最基本的需要,是天生的、與生俱來的。

但當我們認真分析人們的這些基本需要時,就會發現,所有這些需要的滿足,都建立在人的自我完善的基礎上,而讀書是自我滿足、自我完善、自我實現的最佳選擇。

培根是英國偉大的哲學家、教育家,但他並沒有用玄乎、華麗的說辭去誇大讀書的好處,而是從滿足人的內部需求和外部需求兩個方面,指出了讀書的價值:「讀書足以怡情,足以博彩,足以長才。」

閱讀,可以愉悅心靈,豐富自我;讀書,可以展示風

采，廣泛交友；讀書，可以為自己賦能增效，提高分析判斷能力，增強社會競爭力。這一切，都有助於滿足我們的內外部需求。

借用日本「讀書家」出口治明老師《書的使用法》中的一個新鮮有趣的表達，就是：

教育 + 修養 = 更好的生活

所以我們說，每個人都有閱讀的需要，這是人類固有的自我完善需求所決定的。只是這一點，很多時候被我們的認知、欲望和所處的環境等因素遮蔽了。

如果只是把閱讀當成外界賦予自己的任務，而非自我完善、自我實現的內在需求，我們就可能將其視為一種負擔，難以建立和保持對閱讀的持久熱情和毅力，甚至抗拒閱讀，進而影響閱讀體驗和閱讀效率。

人生需要閱讀，閱讀成就人生。重建我們對閱讀的認知，有助於我們提高閱讀的效率。

📖 愛上閱讀：興趣加行動

俗話說：「你可以把馬兒牽到河邊，但你不能逼牠喝水。」如何讓人愛上閱讀，是教育學和心理學領域永恆的話題。

著名科學家愛因斯坦說：「興趣，是最好的老師。」

東方先聖孔子說：「知之者不如好之者，好之者不如樂之者。」

確實，興趣是個體動機中最積極、最穩定，也是最濃烈的部分。一個人對其從事的事業產生了濃厚的興趣，便會迸發出驚人的熱情。而熱情是有魔力的，它會創造奇跡。

興趣是什麼？

在心理學上，興趣是個體趨向於認知並掌握某種事務、力求參與某項活動，並且具有積極情緒色彩的心理傾向，包括個體興趣和情境興趣兩類。

因個體的具體知識、信念或價值觀而產生的興趣被稱為個體興趣，由任務或材料本身所引發的興趣被稱為情境興趣。

情境興趣是不穩定的，一旦一個人的需求得到滿足，或

者當他完成了具有挑戰性的任務後，他就會對此失去興趣。當然，在一定條件下，情境興趣可以轉化為個體興趣。

就閱讀而言，激發和培養個體對閱讀的個體興趣，首先要重建個體對於閱讀的認知；其次要靈活安排閱讀材料、創造閱讀情境、合理設置閱讀目標、及時回饋閱讀效果，引導個體積極參與閱讀活動，並透過閱讀活動中的獲得感、充實感和興奮感等正向刺激，來強化個體對閱讀的興趣。

這有點像運動，運動會產生多巴胺，多巴胺是一種快樂物質，會讓人愉悅。運動中正向的回饋和刺激，有助於進一步強化人的運動習慣。

閱讀興趣從哪裡來？

答案是：**從閱讀實踐中來。**

空泛地談論閱讀興趣是沒有意義的。閱讀的獲得感、愉悅感，如果不親身實踐，即使聽人講 100 遍，也根本無法體會到。

「好讀書，不求甚解；每有會意，便欣然忘食。」對這種體會，我深有同感。

讀書時，每當遇到文辭精妙幽微之處，或會心一笑，或擊案長吁，往往引得旁人側目，但我卻常常因為無法與人分

享其中的快樂而覺得遺憾不已。

這種閱讀時的愉悅心流，與詩中所言別無二致：「山中何所有，嶺上多白雲。只可自怡悅，不堪持贈君。」

你問我這山中有什麼，我答曰：只有一山谷的白雲。每天面對著白雲滿心歡喜，快樂自足，但是卻不能贈予你分毫。

所以，當有人問我讀書的興趣怎麼培養，我經常毫不猶豫地告訴他：**讀書的興趣，只能從讀書中培養**。

相信很多人聽後會繼續追問怎麼理解這句話，我想為大家分享「得到」App 創始人羅振宇講述的一個有趣的小故事：

> 有人問《與成功有約》（*The 7 Habits of Highly Effective People*）的作者柯維（Stephen Covey）一個問題：「如果我不愛我的老婆了，我該怎麼辦？」
>
> 柯維說：「那你就愛她吧。」
>
> 這個人說：「老師，你可能沒聽清楚，我問的是我不愛我的老婆了，該怎麼辦。」
>
> 柯維說：「不是我沒聽清楚，而是你沒聽明白。我是說，如果你不愛她了，那就去愛她吧。」

很多事情就是這樣，**行動本身就是方法。**

如果我們已經認識到閱讀的意義，也樹立了閱讀目標，那麼接下來我們需要做的，就是行動。

俗話說，沒有任何道路可以通向真誠，真誠本身就是道路。同樣，愛上閱讀沒有捷徑，開始閱讀就是我們擁抱閱讀的第一步。

發於興趣，始於行動。世間萬事，大抵如此。

時刻要牢記：**人是閱讀的主體**。這一點非常重要。

無論是推廣閱讀，還是教授高效閱讀的技能，都必須要意識到閱讀者的主體性。閱讀的所有目標和方法，都是為閱讀者服務的，而不是為了閱讀而閱讀。這是我們推廣高效閱讀的起始點和根本。

所有的閱讀法，都應圍繞讓大家「愛上閱讀、學會閱讀、從閱讀中受益」這個目標展開。如果偏離了這個根本，任何閱讀法都失去了價值，也不會得到期待的結果。

對閱讀活動主體性的認知，決定了我們採用的閱讀方法論。

羅振宇將閱讀分為「對書負責」的閱讀和「對自己負

責」的閱讀。

他認為,「對書負責」的閱讀,立足於將書本上的內容不加選擇地灌輸給個人,人就像容器一樣等著盛放知識,把閱讀看成單向的刺激和接受資訊的過程,忽視個人的感受、接受能力和建構性。

「對自己負責」的閱讀,尊重個人的偏好、選擇的獨特性和創造性,認為閱讀是自我完善的方式。該觀點認為,閱讀的過程是大腦進行意義建構的過程,是個體在閱讀過程中透過新舊經驗相互作用來形成、豐富和調整自己原有經驗結構並賦予意義的過程。

「對自己負責」的閱讀,會讓人的心靈有無限擴展的可能性,只要一直保持閱讀的意願,總會由一個興趣催生出無數興趣,由一個問題帶來無數問題,無休無止、無窮無盡。

人的心靈結構是網狀的,看似隨心所欲的閱讀,實際上是結網的過程,未來每一個節點都有變成樞紐的可能。

毫無疑問,「對自己負責」的閱讀完美地呼應了我們前面提出的理念:**閱讀是人類自我完善、自我實現的內在需要。**

電影《侏羅紀》中有一句經典臺詞:「生命自有其出路。」

一個人只要開始閱讀,無論基於什麼動機,都應給予鼓

勵。因為這意味著閱讀將為他點亮一盞明燈、啟動一段旅程、打開一扇窗戶。

在這個過程中，唯一需要護持的，就是他對於閱讀的信念。

一個願意在書籍世界流連的閱讀者，他的任何行動都可能會觸發意外的相遇。遲早有一束微光會照亮他，讓他「突然淪陷」，察覺到閱讀帶來的樂趣，察覺到閱讀對自我心性的增進。他此後的一生，既能享受閱讀的快樂，又能得到閱讀的回報，閱讀將成為與他終身相伴的習慣。

📖 學習心法，提升閱讀效率

現在，我們認識到了閱讀的價值，樹立了終身閱讀的目標和信念，這意味著我們人生中有一個很大的專案要去完成。學習高效閱讀的技能，就是人生這個大專案下的小目標。

裘莉・德克森（Julie Dirksen）在《認知設計：提升學習體驗的藝術》（*Design For How People Learn*）一書中將學習過程歸納為 6 個階段：熟悉、理解、有意識的努力、有意識的行動、精通，並最終達到無意識就能完成任務。這也是我們的高效閱讀訓練法的核心。

學習一項新技能並最終達到擅長的境界，不僅僅意味著思維方法的改變，更需要技能的刻意練習。

在接下來的學習中，我們將重點學習如何提升閱讀速度、如何提煉文章核心、如何提高閱讀理解力、如何有效閱讀一本書以及如何進行知行合一的閱讀。

除了技能的練習之外，以下幾點因素對提升閱讀效率非常重要，我稱之為**「高效閱讀的心法」**。

第一，保持好奇心。

英國哲學家法蘭西斯‧培根說，知識是一種快樂，而好奇則是知識的萌芽。

牛頓對一個蘋果產生好奇，於是發現了萬有引力。瓦特對燒水壺上冒出的蒸汽十分好奇，最後改良了蒸汽機。愛因斯坦對羅盤充滿好奇，為日後深入研究電磁場打下基礎。伽利略看到吊燈搖晃感到好奇，最終發現了單擺。

好奇心是個體遇到新奇事物或處在新的外界條件下所產生的注意、操作、提問的心理傾向。好奇心是學習的內在動機之一，是尋求知識的動力，是創造性人才的重要特徵。

愛好閱讀的人，都有極強的好奇心，他們想透過書籍了解世界，探求祕密，理解別人的所思所想。

好奇心不僅能夠幫你發現閱讀的興趣、更清楚理解新鮮事物，而且還能夠促使你透過訓練對高效閱讀技能有更好的掌握。最終，你會不僅只是一名閱讀愛好者，還將成為一名高效閱讀的擅長者。

好奇心，能讓我們在閱讀的路上走得更遠。

第二，學會分解任務。

學習高效閱讀是一個需要長期堅持的過程，是一個宏大

的目標，想要完成這個挑戰，進一步提高效率，就需要把目標分解。特別是困難的事情，**我們可以透過分解任務，讓目標變得簡單可及。**

回想一下當年在駕訓班學開車的情景，我們會發現自己是從繞車觀察、換擋、加減油門、剎車這些分解動作學起的，然後再一步步進階學習倒車入庫、路邊停車、直角轉彎、S型曲線行駛和坡道定點停車與起步等項目，最後才能學會完整的駕駛技能。

但是當我們熟練掌握駕駛技能後，我們在開車時就不會刻意去想下一步是踩油門還是換擋，幾乎所有動作都是一氣呵成的，這是因為我們已經進入了自動化階段。

高效閱讀技能屬於心智性技能，但想從「小白」成長為一名高手，還需要經過5個階段的訓練：

1. 活動定向階段（在頭腦中形成對活動程序和活動結果的映射）
2. 物質化活動階段（利用實物或類比品進行學習）
3. 有聲的言語活動階段（借助出聲的外部言語活動來完成各個操作步驟）
4. 無聲的外部言語活動階段（以詞的聲音表象、動覺表象為中介進行智力活動）
5. 內部言語活動階段（憑藉簡化了的內部言語，不

需要多少意識參與就能自動化進行的智力活動）

每一個階段，其實都是我們的一個子目標。

根據腦科學的研究成果，同樣一項工作，新手和高手的大腦處理方式是完全不同的。新手處理一個動作的流程比較複雜，高手會很輕鬆，這是因為自動化的程度不同，大腦的認知載荷也不同。

那麼對於新手，應該怎麼進行訓練呢？對於困難的事情：

首先，要在思維上把複雜的事情進行分解。

其次，要在行動上進行分階段練習，先精通小的，再進行拼裝。

明白了這個核心要領，堅持訓練，直到每個小技巧都訓練好了，就能學會一套系統的閱讀方法。

在本書後面具體介紹高效閱讀的技能訓練時，你會發現，每個閱讀訓練的動作，都在不停地拆分，讓你訓練起來不難達成，並且每天不用花費太多時間就能學會。

因此，聰明的學習法，就是學會輕鬆爬坡，即把難的動作、複雜的動作，進行拆分學習。與其看到困難就抗拒，無法前行，不如一點點開始訓練，增加我們的信心，困難會在爬坡的過程中變得容易。

當你設置的小目標一個一個達成的時候，你會發現你離成功越來越近了。

第三，專項練習。

當我們把任務內容進行拆解後，**首先，要分配時間，一事一時去訓練。**

在這個過程中，除了訓練計畫的內容，不要安排其他的訓練，包括其他想法或者疑問都不要代入，也就是在這一件事上全神貫注地去訓練。

譬如，本書將提升閱讀速度的訓練和提高閱讀理解能力的訓練分開進行，當你利用本書的方法在訓練閱讀速度的時候，不需要關心閱讀材料的內容，甚至不需要記住任何內容。因為我們的任務是學習閱讀，而不是閱讀。這一點非常重要。

其次，必須進行適當強度的練習，而且要反覆練習，直到它成為自己的無意識行為。

知名策略行銷專家小馬宋，從一個鍋爐工做到了文案創意總監，他是怎麼做的呢？

他成為文案高手的路徑非常簡單，首先是認真當學生，大量練習，收集各種文案；其次是把收集的文案進行分類整理，反覆學習，從中總結出套路。

這是他的學習階段。

到了自己要實戰的時候他是怎麼做的呢？

他每天做大量的案例拆解，強制自己加量輸出。什麼叫加量輸出？同樣一個文案，他的同事可能做 3～5 次，他要求自己做 20 次起。透過這種加量練習，他讓自己在很短的時間內得到了快速提升。

對此我也深有體會。早期在為大家分享課程的時候，只要講一小時，我的嗓子會疼 3 天以上。但現在完全不一樣，我每天講課嗓子也不會疼，這其實是我不斷訓練的結果。我曾專門進行過聲音訓練，練習從丹田發聲，讓氣息衝破而出，而非讓嗓子用力。

第四，及時回饋。

沒有回饋的學習是沒有效率的。

要想學好高效閱讀的技能，就需要在這個過程中獲得及時回饋。只有獲得及時回饋，我們才能在正確的方式下訓練，並走得更遠。

學習需要正向回饋，如果在學習的過程中我們得到的回饋是正向的，並不斷獲得正向回饋，我們就會更加積極主動地投入其中，進而不斷地主動接收學習帶給我們的回饋。

不斷地投入，再不斷地獲得正向回饋……這樣就形成一

個正向的循環。也就是當我們抱著積極的態度去學習時,會得到一個積極的回饋,然後形成一個良性循環。

美國作家埃裡克・萊斯(Eric Ries)在《精益創業》(*The Lean Startup*)中講到火箭式創業和精益創業,兩者最大的區別就是:火箭式創業屬於悶聲做事、大額投入,完全不顧市場的回饋;而精益創業則恰恰相反,是用小投入去快速測試使用者,利用客戶回饋,讓自己的產品快速更新反覆運算。

如果沒有客戶回饋,便將止步不前。

回饋就是這麼重要,它無處不在,就像時間和空氣一樣,普通的我們根本意識不到它的存在,但它卻在以一種非常有效的方式影響著我們工作和學習的方方面面。

第五,學習環境很重要。

一個好的讀書環境,可以讓我們輕鬆達成高效閱讀。為什麼有的人不能靜下心來閱讀?

為什麼有的人閱讀時容易走神?

為什麼有的人一本書讀了很久,依然還沒有讀完?

出現這些問題,有沒有想過是因為受到閱讀環

境的影響呢？

一個適合高效閱讀的環境應該是這樣的：
首先，視覺上乾淨、清爽。
讀書環境要盡量保持乾淨、整潔，要把一些雜物去掉，因為它有可能分散我們的注意力。比如，有的人讀著讀著，無意間看到書桌上的小物件，注意力立刻會被分散，等他再次想起看書時，已經不知道多長時間過去了。

其次，功能單一。
閱讀時盡量選擇固定的地方，這個地方只用於看書。當我們需要看書時，就來到這個地方，如果要做其他事情就離開，這在心理上能暗示我們要集中注意力看書。功能單一化，能讓我們清楚地知道自己是在讀書。

再次，斷網，遮蔽一切娛樂管道。
有的人一邊翻書，一邊突然想起看看幾點了，於是便把手機打開，這時剛好有一條微信傳來，打開後發現沒什麼事，又順帶翻了一下朋友圈。雖然一系列的動作很快，但時間也過去很久了，看似翻開書很長時間，效率卻不高。
所以我們需要做到切斷一切娛樂管道，斷網，把手機放到外面，或者靜音等，為自己創造一個沉浸式的閱讀氛圍，

減少干擾因素。

最後,和朋友一起閱讀。
可以找朋友一起閱讀,或者尋找讀書群,大家互相分享,互相監督,高品質的讀書氛圍有助於提高我們的閱讀效率。

📖 從微行動開始,培養閱讀習慣

養成閱讀習慣非常重要。

世界潛能激勵大師東尼・羅賓斯(Tony Robbins)說:「塑造你生活的不是你偶爾做的一兩件事,而是你一貫堅持做的事。」

習慣是行為的重複,會在不知不覺中塑造我們。好的行為習慣會成就一個人,不好的習慣甚至會毀掉一個人。習慣對於我們來說,非常重要。

在心理學上,習慣是指個人在長時間的生活實踐中形成的,基於一定社會經驗、比較固定的思維模式或行為方式,是一種不需要意識的思維現象和行為規則。

一般來說,行為由動機來調節,需要透過一個專門的決策機制來實現。行為的執行和效果,取決於個人的需求、認知、感受和意志力等因素,這個過程需要複雜的心理鬥爭,是一項相當消耗身心能量和意志力的活動。

而習慣被認為是自動觸發的,是一種潛意識的行為,可能在沒有意識、有意識的控制、精神努力和深思熟慮的情況下發生。一旦養成某項好的行為習慣,行為在執行時就不再需要強烈的心理鬥爭,一切將自然而然地發生,事情就會變

得簡單起來。

有的人覺得閱讀是一件困難的事，實際上不過是沒有形成閱讀習慣罷了。

我也曾經沒有閱讀的習慣，深知既沒有閱讀習慣又沒有閱讀方法的人，很難讀完一本書。

當然，後來我愛上了閱讀，並從事高效閱讀相關的培訓工作，現在平均每年的閱讀量在 100 本書以上，還能在閱讀過程中繪製心智圖，並舉行由閱讀衍生出來的多種活動，比如多種形式的讀書會、一書一課活動、有獎書評活動等。現在閱讀對於我來說，是一件愉快的事。

有人說，21 天就能養成一個新習慣。這種說法其實是一種謬論。真相是，科學研究證明，一個習慣的養成需要 18 天到 254 天。真相是不是有點殘酷？

有人會覺得養成習慣太難了。我們的建議是，不管學習何種技能，都要進行任務分解，持續 100 天。比如百日心智圖、鏡子練習、清晨練筆、三言兩語、百日超慢跑等。

在行為變成習慣之前，激勵我們的途徑是動力和意志力。動力以感受為基礎，受情緒影響，非常易變。意志力雖然可靠，但一個新習慣的養成，需要耗費巨大的意志力，導

致我們無法堅持。比如，很多人想透過健身進行身材管理，但大部分人都失敗了，就是這個原因。

但**微習慣對我們更有幫助。**

在《驚人習慣力》（*Mini Habits*）一書中，作者史蒂芬・蓋斯（Stephen Guise）對微習慣作了精妙的論述：

> 微習慣是一種非常微小的積極行為，你需要每天強迫自己完成它。微習慣太小，小到不可能失敗。正是因為這個特性，它不會給你造成任何負擔，並且具有超強的「欺騙性」。它也因此成了一種極其有效的習慣養成策略。

微習慣之所以能奏效，其獨特之處主要體現在 3 個方面：

第一，能夠讓我們毫無壓力地走出一小步，意志力損耗很低。

第二，微小行動有助於我們累積勝利的喜悅。

宏大的計畫往往容易失敗，但微習慣總是能讓我們體會到完成目的喜悅。如果我們能超額完成任務，就更好了，這會大大提高我們的行動力，我們也會對自己很滿意。

第三，能夠幫助我們增強正念和意志力，獲得超乎想像

的驚喜。

正念可以讓我們察覺並專注於自己要做的事,並且持續去做好它。透過重複完成小目標,我們的意志力也會變強,從而獲得更好的掌控感。

微習慣能最大限度地儲存我們的意志力能量,對於新習慣養成非常奏效。

你可以嘗試用以下步驟來培養自己的閱讀習慣:

第一步,選擇適合自己的閱讀微習慣。

列出你想要達到的閱讀目標,然後將其分解成微型任務,如「看一頁書」「做一份書摘」,這都是廣義上的看書。但是要注意,選擇 1～3 個微習慣即可,不要太多,否則就不是微習慣了。在這個過程中,但凡覺得意志力開始損耗,就要調整。

第二步,挖掘閱讀習慣的內在價值。

當你做出選擇時,問問自己為什麼要這麼做。因為外在的壓力和世俗觀念而做出的選擇往往會有很大阻力,只有目標的內在價值是你認可的,發自內心熱愛的,你才可以說服

自己，毫不動搖地堅持下去。

第三步，選擇培養習慣的方式，並納入日程。

培養習慣通常可以從兩個維度切入：時間和行為方式。是每天早上 9 點看幾分鐘書，還是在晚上 10 點前讀一首詩，到底要選擇哪種方式進行呢？其實都可以，只要睡覺之前完成即可。重要的是要堅定地做出選擇並執行。

第四步，建立回報機制，提升成就感。

當你按照閱讀計畫打卡一週後，可以給自己額外的獎勵，譬如在晚餐時替自己加一份小點心或者在週末看一場電影，享受完成目標後的成就感。

第五步，記錄並追蹤完成情況。

準備一個讀書打卡用的筆記本，這非常重要。它可以用來在睡前盤點當天的任務完成情況；可以記錄每天的微習慣，完成就打勾，形成正向回饋；還可以用來做數據化追蹤，讓你的努力可視化，堅持起來也會更帶勁。

第六步，微量開始，適度超額完成。

如果進展順利，你可以在上一階段目標的基礎上稍微加量，譬如從「每天閱讀一頁」增加到「每天閱讀兩頁」，你

會發現你的心理並不抗拒它，這就是微習慣「欺騙性」的展現。微習慣，總可以讓我們達成超額完成，獲得成就感。

第七步，服從計畫，擺脫盲目高期待。
要堅持一天看一頁書，而不是總想著去超越這個目標。要把精力和期待值放在堅持目標上，而不要對任務量抱有較高的期待。

第八步，留意習慣養成的標誌。
隨時注意習慣是否已經養成了，只有基本養成了一個新的習慣，才可以考慮下一個微習慣的培養。

以下 5 個標誌，代表新習慣已經養成了：
第一個標誌：**沒有情緒抗拒**。顧名思義，就是覺得做這件事很平常。

第二個標誌：**認同身分標籤**。開始認同自己的微習慣行為，比如可以坦然地說：「我愛讀書」。

第三個標誌：**行動時無意識**。自然而然地去做，輕鬆拿起一本書，而不是告訴自己：「好吧，我要開始看書了」。

第四個標誌：不再擔心了。剛開始執行微習慣時，會擔心自己漏掉或者間斷，但是當微習慣變成你習慣做的一件事時，就不再需要刻意提醒自己了。即使身體疲憊，情緒不佳，你也不會覺得有負擔，因為你知道你會堅持下去。

第五個標誌：內心很平靜。當一個行為變成一個習慣後，你不會因為「你在做這件事」而激動不已，而是會習慣性地拿起一本書，內心平靜地讀完一頁。

養成任何一個好習慣，都建議大家從容易的開始做，從自己能夠做得到的行為著手，這樣習慣更容易培養並達成。

閱讀習慣以及閱讀能力的培養要循序漸進、由易到難，需要透過幾個階段來達成。如果你還沒有形成閱讀習慣或者閱讀有困難，那麼下面這套**「帶翻賞時裝」**的方法，可能會對你有幫助。

帶：出門必帶書，不一定要閱讀。

翻：有書就翻閱，不去想是否讀得懂，是否能讀完，隨便翻就好。

賞：欣賞圖書的裝幀設計、封底封面以及書中的插圖。

時：每天閱讀 3 分鐘。

裝：不閱讀也沒關係，裝成讀書的樣子拍個照也可以。

因為，如果我們對閱讀「望而生畏」，就很難走出開始閱讀第一步。

第一，帶書出門。

假如你面前有兩枚膠囊，一枚紅色和一枚藍色。紅色膠囊代表你能充分發揮自身能力並能實現自我價值，在生活中活出自我；藍色膠囊代表千篇一律的生活，直到生命結束。你會選擇哪個？

這是好萊塢著名電影星基努・李維（Keanu Reeves）主演的科幻電影《駭客任務》（*The Matrix*）中的情節。

很多人看完後，確定自己要選擇改變現狀的「紅色膠囊」，而事實上，90% 以上的人在行動上都選擇了維持現狀的「藍色膠囊」。

我們坐地鐵時，那些低頭閱讀的人是選擇「紅色膠囊」的人，那些低頭擺弄手機的人是選擇「藍色膠囊」的人。

我們每天重複低頭玩手機的動作，將來也不過是千篇一律地重複生活。而堅持每天帶書出門，在等車、等人、排隊、坐地鐵時讀幾頁，把看手機的時間用來閱讀，獲取有效的知識，在吸收新知識中孕育出新行動，就會有新的習慣。

一位甘肅的外賣大叔，經常隨身帶書，有空就會打開書

閱讀。他說自己從小就喜歡讀書，讀書可以修身養性、開闊胸襟，而遺憾的是自己初中畢業後就輟學了。但女兒在他的影響下愛讀書，考上了上海一所名校的研究生。

讀書的魅力就在於此，不會讓人一夜暴富，但會潛移默化地影響身邊的人。你不知道，當你在地鐵裡或者等車的時候，手捧起書本閱讀的樣子，又會影響著誰。

第二，每天翻幾頁書。

魯迅寫過一篇文章叫作《隨便翻翻》，說自己在工作生活之餘，會隨手拿起書翻翻看看。不刻意、不強求，沒事翻翻書，翻久了就成了習慣。

這種隨便翻翻的方式，輕鬆、有趣，透露了魯迅的閱讀智慧和閱讀習慣。利用碎片化時間讀書，值得每個人嘗試。

這是一個變化很快的時代，又是一個很浮躁的時代，很多人低估了讀書帶給我們的價值。如同好公司的股票一樣，越是低估它，持有它所獲得的預期回報就越高。

如果能隨身帶一本書，在閒暇的時候翻一翻、看一看，或抽出些時間閱讀下，會給我們帶來極大的益處。

我們不用去想閱讀的方法，隨便打開一本書，就把它當作遊樂園。當你從未去過時，你並不知道遊樂園裡有什麼。你可以了解一下地圖，看看封面和目錄，了解一下書的內容

大致是什麼，選擇自己想了解的內容去閱讀。也可以只是隨便**翻翻**，別限制自己必須按從頭到尾的順序讀。

第三，欣賞書的裝幀和插圖。

我們打開書，哪怕什麼也不讀，也可以看看封面、封底、書腰，以及書中的插圖。

圖畫是打開世界的視窗。你小的時候是否比較喜歡閱讀圖畫書？每一個圖畫內容？都吸引著我們去探索。

為什麼孫悟空穿著超短虎皮裙？
為何小蝌蚪與媽媽長得不一樣？
為何這個動物的眼神畫成這樣？

無數個為什麼，是好奇心對未知世界的熱忱，是孩子對閱讀世界的期待。試想，哪個孩子想要去閱讀一堆無聊的文字呢？

就是在這樣的探索中，孩子對世界充滿好奇，不斷發揮著想像力，並不厭其煩地一讀再讀，同時提升了審美能力。

猶太人常說，知識像蜂蜜一樣香甜。我們為何不保有童心，像小時候一樣來對待圖書呢？在欣賞每一本書的插圖時，激發很久未見的想像力，從生活的細節中去探尋未來的

無限可能，點燃休眠的好奇心，找到閱讀的樂趣。

第四，每天閱讀 3 分鐘。

為何只讀 3 分鐘呢？用的就是「微習慣」的策略，**利用「微小的行為」來驅動持續行動，從而達成目標。**

中國新聞出版研究院發布的第十九次全國國民閱讀調查結果報告顯示，2021 年，中國成年國民人均紙質圖書閱讀量為 4.76 本，高於 2020 年的 4.70 本。而在日本、俄羅斯等國家，人年均閱讀量都在 40 本以上。

不能養成某種習慣，並不是欠缺意志力，而是沒有找到合適的方法。在習慣養成的初期，許多人往往會興致勃勃地制訂過高的目標，但沒堅持幾天就放棄了。

為什麼會這樣？

人天生是有惰性的，高目標會給人帶來壓力感、抗拒感，沒有人期待這件事的發生。當你強迫自己去做一件事的時候，就需要調動自身更多的意志力，一旦頻繁動用意志力，意志力逐漸被消耗，你就會失敗。

而對於小的行動，你完全有能力完成。當你對一件事有了掌控感，你不僅不會焦慮，內心反倒會慢慢增長出一種自信，因為你完成了每天設置的目標，你做到了，這個目標會給你帶來正向回饋。

每天進行 3 分鐘閱讀，有兩點很重要：

一是完成比完美更重要，行動比完成更重要。先試試每天閱讀 3 分鐘吧，哪怕 1 分鐘也行，先這樣做了，你就能超過 50% 的人。

二是持續向前。就是讓一件你覺得好的事情，如涓涓細流，流淌在生活之中，使得這件事給自己帶來激勵，幫自己每天獲得滿足感。

在培養習慣的時候，看什麼書不重要，選擇自己喜歡的、簡單一點的書就好，這本書就像一個隨時提醒你培養好習慣的觸發器，帶在身邊，每天 3 分鐘，持續下去，一年的閱讀量就會超過 10 本書。

第五，假裝讀書。

有一位學者在訪談節目裡談到，他親眼看到一位大學生到了圖書館，找個座位坐下，先去書架上拿一本紅樓夢，翻開書，將咖啡放到旁邊，然後拍照、發朋友圈，一氣呵成。隨即把書放回書架，拿出自己包裡厚厚的試題集開始做題。

很多人覺得這種行為太假了。而在他看來，這是一個正常的社會現象，因為大家都渴望成為一個別人眼中的愛書人，也從心底裡承認一個愛讀書的人是有獨特魅力的。

我有一個要好的朋友，他經常在微信朋友圈裡發在圖書

館或書店裡的自拍，聚會聊天時談到存在主義、解構主義、魔幻現實主義的時候旁徵博引、侃侃而談。

後來我問他，你平常都是怎麼讀書的？

他笑著說：「我平時要工作，週末要補課，哪有時間看書！但作為一個『偽文藝青年』，說自己不讀書，以後還怎麼在圈裡混？」

我恍然大悟，馬上虛心請教，有沒有什麼方法，能讓我在不讀完一本書的情況下，還能裝作很懂的樣子？

他說當然有。以金宇澄的小說《繁花》為例，只見他拿出手機，先打開豆瓣看看該書的梗概和書評，了解作者的創作歷程；然後又打開知乎，看看網友對小說人物和情節的解讀；最後隨手摘幾句書中的經典文句，配上一張很文藝的圖片，發出了一條朋友圈。

資訊時代，每天 20 分鐘，「讀完」一本書，足夠了。持續下去，你也可以做到很厲害。

當然，要想贏得更多崇拜的目光，還得做到與眾不同，要知道一些小眾的書籍。別人問你在看什麼書，你說在讀肯・弗雷特（Ken Follett）和弗蘭納里・歐康納（Flannery O'Connor）的書，格調瞬間飆升。如果你能引用李維史陀（Levi-Strauss）的話語，抒發自己的感情，能對希臘神話中「神人同形同性」的特點侃侃而談，記住阿多尼斯（Adonis）幾句不同類型的詩句，那就更令人刮目相看了。

事實上，這種讀書法早已為人所知，並將其命名為「書皮學」。據梁文道先生所言：「書皮學」最初是指出版商為吸引顧客買書而產生的技術，它真正的內涵是讓人單靠書封就能「讀懂」一本書。

　　漸漸地，部分人開始透過這種方法進行泛讀，「書皮學」也就逐漸演變成了讀書的利器。

　　這樣的微閱讀，你喜歡嗎？快展開行動吧！

02

加速「奔跑」
提升閱讀速度的武器

- 測一測你的閱讀速度在哪個等級
- 影響閱讀速度的因素有哪些
- 取悅大腦，才能高效閱讀
- 高效閱讀基礎訓練——指讀法
- 高效閱讀進階訓練——321 閱讀法

測一測你的閱讀速度在哪個等級

在一份世界閱讀排行榜中,以色列人以每年人均閱讀量60本位居第一。以色列也是全世界唯一沒有文盲的國家。猶太人聰明、會做生意的天賦全世界都知道,他們的成功,離不開愛閱讀的習慣。

中國人均閱讀量僅為4.76本,不足5本。作為擁有幾千年燦爛歷史的古老國度,讀書曾經是我們每代人的優良傳統,但是如今,閱讀與我們的日常生活似乎正漸行漸遠。

影響閱讀的因素有很多:劇烈的城市化進程,網際網路的普及,生活節奏越來越快,工作壓力越來越大等。這些變化確實讓人沒有太多時間、太多耐心去慢慢地讀完一本書。

我們要做的是,去找到一種閱讀法,讓我們能夠在這個快節奏的時代達成快速、高效地閱讀。

提到閱讀,有的人主張讀得慢一些,再慢一些。

俗話說,「慢工出細活」,所以凡是帶有「快速」二字就會給人不好的印象。事實上,這種印象是錯誤的。

太快的閱讀會導致太多的泛讀，但太多的慢讀會造成閱讀量過少，閱讀量過少難道不也是值得憂慮的問題嗎？

美國前總統羅斯福在白宮日理萬機之餘，平均每天看 3 本書。美國前總統甘迺迪每天利用吃早餐的時間閱讀 8 份報紙。拿破崙是一個酷愛讀書的人，能在一天讀完 20 本書。大發明家愛迪生一晚上看的書，他的助手用 11 天才能看完。

《北齊書》記載王孝瑜「讀書敏速，十行俱下」。大文豪高爾基看雜誌時，往往是「幾頁幾頁地翻」。三國時期的詩人王粲，能夠一覽便知，過目成誦。

由此可見，只要掌握高效的閱讀方法，提高閱讀速度並不一定會影響閱讀品質。相反，低速、低效的閱讀，才是我們要避免的閱讀習慣。

閱讀速度直接決定了知識的獲取量。普通人的閱讀速度是 500 ～ 1000 字 / 分鐘，而使用高效閱讀法閱讀可以達到每分鐘 3000 字以上，原先用 5 ～ 10 小時才能讀完一本書，掌握方法後用 2 ～ 3 小時就能讀完，並且理解率和記憶率會更高，更能滿足透過閱讀高效獲取知識的需求。

快速讀完後不能深入理解，不能準確記憶，表示你只是在快速翻書。只有閱讀速度、理解能力、記憶能力和輸出能力同時達到相當水準，才能稱為高效閱讀。換句話說，**高效閱讀是一種快速而有效的閱讀，是速度、理解、記憶、輸出都能得到提升的更高層次的閱讀能力。**

腦科學研究認為，人的大腦分為左右兩部分，各自處理不同的資訊內容，其中右腦主要是對圖形和圖像進行記憶和加工，而左腦主要是處理邏輯數字、文字等非形象的資訊。

　　獵豹閱讀法是一種充分利用腦科學研究成果，並經過實踐檢驗的高效閱讀法。高效閱讀的原理是，利用左右腦對不同資訊的識別優勢，進行快速閱讀和理解記憶。

　　使用高效閱讀法閱讀時，每分鐘可閱讀 3000 字以上，而且理解水準能達到 70% 以上。這一閱讀速度是普通人正常狀態下閱讀速度的 10 倍以上。

　　只要按照本書介紹的方法，扎扎實實地進行基礎訓練且持續閱讀，你的閱讀速度就會有顯著提升。如果能綜合使用多種閱讀方法，你會很快達成速度快、效率高、能分享的目標。

　　為了把獵豹閱讀法學得更好，我們有必要了解一下自己現在閱讀能力所處的層次。

　　下面的測試，是閱讀速度教學中最簡單的測試方式，是一種僅針對閱讀速度而進行的測試。首先請進行如下準備：

第一，選擇書籍。選擇 3 本對你而言讀起來不是很難的書籍。書的種類不限，但裡面別出現太多圖表或者文字過小的內容，以幫助我們更好地了解自己的正常閱讀狀況。

第二，準備一支筆。什麼類型的筆都行，目的是用來標記你閱讀停止的位置。

第三，準備計時器。用鬧鐘或者手機都可以。

做好上述準備後，請按照以下的方法來進行自測：

1. 請坐到桌前，打開一本書，**翻**到自己未讀過的頁面。「未讀過」是指近期都沒讀過，所以很久前讀過的書籍也是可以用來測試的。

2. 定時 3 分鐘，開始閱讀。
3. 鬧鐘響起迅速停止閱讀，並標註閱讀結束的位置。
4. 計算每分鐘的閱讀速度：**每分鐘的閱讀速度 WPM＝每行平均字數 × 閱讀總行數 ÷ 閱讀總時間**。

$$WPM = \frac{每行平均字數 \times 閱讀總行數}{閱讀總時間}$$

閱讀速度計算公式

數一下閱讀的行數，如果有兩個半行，算成一行。如一行只有一個字或者兩個字，不計算在內。如果一行差一兩個字，記為一行即可。每行平均字數，不用那麼精確，我們只是用來測試當前的閱讀水準。

舉個例子：

　　天天小朋友選擇了一本用來做閱讀速度測試的書籍，讀完之後，他數了一下這本書每行 33 個字，一共讀了 40 行，共用時 3 分鐘。

那麼，他的閱讀速度為：33×40÷3=440 字 / 每分鐘。

為了讓測試結果更接近真實水準，可以選擇 3 本書來進

行測試。測試流程相同，只是測試書籍換了。

最後，將 3 本書的平均閱讀速度相加，再除以 3，得出的每分鐘的平均閱讀速度更接近你當前的閱讀水準。

請記住，閱讀測速只是檢測你目前的閱讀速度，在閱讀時切忌緊張，也別為了顯示自己的能力而過度加速，因為目的是檢測你當前的正常閱讀速度，看到自己的真實閱讀狀況。

因此，按照平時的狀態進行閱讀即可，這樣才能真實地記錄你當前的速度。只有每次的記錄是真實的，才能看到此後自己閱讀水準的變化。

現在我們看一下未受過高效閱讀訓練的不同人群應該達到的閱讀速度：

序號	閱讀人群分類	閱讀速度
1	小學一年級至三年級	100～200 字 / 分鐘
2	小學四年級至六年級	200～300 字 / 分鐘
3	初中生	300～500 字 / 分鐘
4	高中生	400～800 字 / 分鐘
5	大學生	500～1200 字 / 分鐘
6	成年人（25 歲以上）	400～600 字 / 分鐘

假設你是一名中學生：

情況一，你每分鐘的閱讀量不足 300 字。
1. 如果自測用的書對你而言偏難了，可以重新選一本相對簡單的書，按照以上測試方法重新進行測試。
2. 如果你的識字量或識詞量不夠，你可以每天花點時間去讀自己感興趣的書，1～2 個月後再重新進行測試，或許你會發現不同的自己。
3. 你可以增加閱讀量，選擇自己超喜歡的書或文章，培養閱讀習慣。

情況二，你每分鐘的閱讀量在 300～600 字之間。
你現在的閱讀水準處於中等層次。透過訓練，你很快會取得進步，你現在需要做的是在訓練過程中打好基礎，學習控制閱讀節奏，留意文章或書籍的組織框架，並培養閱讀習慣。

情況三，你每分鐘的閱讀量在 600～1200 字之間。
你已經具有一定的閱讀能力了，是一個比較優秀的閱讀者，形成了閱讀習慣。

但是你離一名優秀的高效閱讀者還有很大的距離。透過訓練高效閱讀，你會發現原來你還有很大的上升空間。

需要留意的是，剛開始訓練閱讀技巧時你的閱讀速度可能會下降，但要有耐心，相信透過新的閱讀方法，不久你就會取得更大的進步，並能做到閱讀仔細，控制速度。

在進行獵豹閱讀法訓練之前，閱讀速度測試必不可少。

現在，無論你的閱讀水準如何，都要恭喜你，你已經學會了測試自己每分鐘閱讀量的方法，並看到了自己當前的閱讀速度。

影響閱讀速度的因素有哪些

我們先做一個有趣的測試：

下列選項中，你覺得哪些閱讀方法是正確的？

- ☐ 1. 用手指引導眼睛閱讀會降低閱讀的速度，因此不要使用手指。
- ☐ 2. 在文章中遇到理解障礙時，一定要努力把它搞懂，然後再往下閱讀，使得理解具有連貫性。
- ☐ 3. 閱讀時看到重要的內容，隨時做筆記；遇到不認識的字隨時查字典；筆記應該記錄得整齊有序。
- ☐ 4. 動機與閱讀無關，它不會影響我們閱讀，也不會影響我們接受資訊，更不會影響我們的閱讀速度。
- ☐ 5. 讀書速度越快，理解能力越差。
- ☐ 6. 只有把字一個一個地看清楚，我們才能真正理解內容。
- ☐ 7. 逐字逐句地閱讀有助於增強理解。
- ☐ 8. 應該百分百理解閱讀的全部內容，並記住全部內容。
- ☐ 9. 讀慢一點，不能跳頁閱讀，沒有搞懂開頭別去讀結尾。

你選擇了哪幾項呢？

其實以上表述都是錯誤的，這些表述涵蓋了閱讀的各種誤區。

如果你認同上述選項中的觀點，你的閱讀習慣可能會越來越壞，閱讀速度會逐漸降低，理解力也會下降。

或許，你也認識到上面的表述可能是錯的，但行動上不一定能真正做出改變，因為你還沒掌握通往高效閱讀的正確路徑。

不過沒關係，現在正是改變的時刻。學習獵豹閱讀法，會改變你對閱讀的認知和習慣，你的閱讀將變得更加高效。

閱讀能力與眼球運動能力相關。這一理論，最早由正位視概念的提出者——法國眼科醫生雅瓦爾（Javal）在 19 世紀提出。

雅瓦爾發現人們在閱讀文字時，眼睛並不是始終平滑地「掃」過眼前的文字，而是會在某一點停留一段時間（注視）。當眼睛沿著一行文字不間斷地連續移動時，會短暫快速地移動（掃視）並夾雜著短暫的停留（注視）。

20 世紀以來，隨著高速攝影、電腦等新學科、新技術的發展，對眼部掃視運動有了進一步的研究發現。

根據科學研究成果，我們在閱讀時，眼睛會非連續、平滑地在每一行從左到右或者從上到下掃視，並持續進行有規律的跳起和停止運動，也叫跳止運動。在跳止過程中，眼睛會在資訊上停頓。

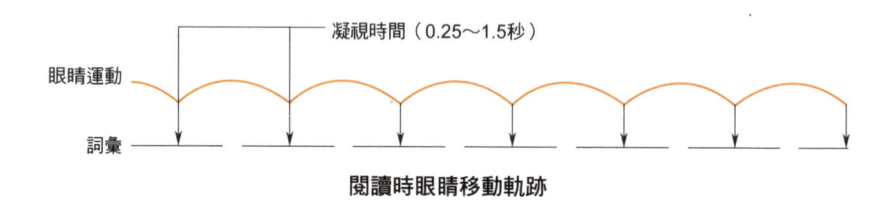

凝視時間（0.25～1.5秒）

眼睛運動

詞彙

閱讀時眼睛移動軌跡

比如，你在看電視換臺的時候，眼睛要在螢幕上停留一下，才知道是否調到了自己需要的那個臺。

這個攝取有效訊息的動作，在高效閱讀中有一個專業的詞，叫作凝視。凝視的原理和照相機一樣，眼睛眨一下就看到了景物，就像照相機喀嚓一聲，就照下了景物。

不知大家用手機拍照時是否留意到，當你端起手機拍攝某個物體時，有的手機會自動對焦，此時你迅速按下快門圖片就是清晰的。如果你端起手機停留時間過長，焦點就會開始模糊，需要不斷調整才能清晰地拍下物體。這很浪費時間。

經過大量驗證，在閱讀時，眼睛會不停地、快速地「移動——暫停——移動——暫停」，並且只有在「暫時停留」的剎那，才能吸收資訊。由此可見，**閱讀時眼睛停頓時間的**

==長短，是影響閱讀速度的原因之一。==

如果有能夠縮短眼睛每次停頓的時間的方法，是不是就能立即提高閱讀速度呢？

經過腦科學研究表明，大腦接收資訊的速率是每秒鐘126bit（位元），這是一個什麼概念呢？

我們平時讀書，每秒獲取資訊的速率只有16bit，僅僅占大腦這個巨大頻寬的1/8，剩下的7/8呢？大腦是不會讓它們閒著的，會同時讓這些功能做點別的，所以，你才有時間在閱讀的時候開小差，東想西想。

所以，**我們根本不用擔心眼睛移動過快大腦會跟不上的問題。不僅如此，只有我們在閱讀時腦力全開，才會更專注於閱讀。**

==回讀，是高效閱讀的第二大障礙。==

什麼是回讀？

就是讀一行字時，你會不自覺地回看這一行的內容，或者說，你在看這頁的內容時，又自然而然地去看上一頁的內容，因此重複性地看了許多文字。

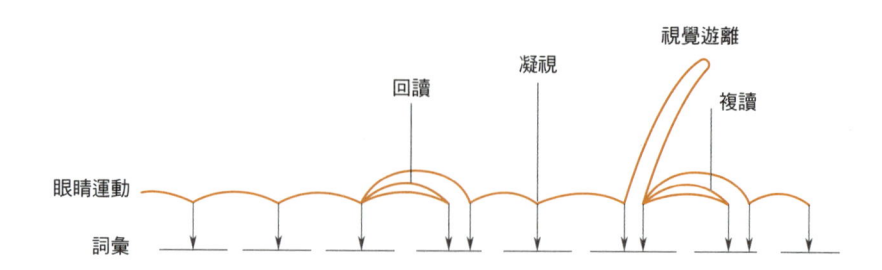

慢速閱讀者的不良閱讀習慣：
每次只看一個詞，並且在閱讀過程中伴有無意識的
回讀、視覺遊離及有意識的複讀。

回讀視覺的移動軌跡

我們來看一下這張圖，再回想一下讀書時自己眼睛的閱讀軌跡是不是這樣的，這就是回讀。

回讀分為兩種：
- 有意識的回讀。
- 無意識的回讀。

有意識的回讀，是讀完一遍材料沒讀懂或不太懂時，有意識地再去重複讀一遍。這樣做是沒錯的。雖然對於高效閱讀者而言，這不算是一種透澈理解材料的最有效的方法，但的確也是方法之一。

無意識的回讀，是閱讀時養成的一種下意識的習慣，是影響閱讀速度的重要因素。獵豹閱讀法採用科學的訓練方法，可以糾正無意識的回讀，使閱讀速度有效提升。

閱讀小練習

請閱讀圖片中的文字,並感受眼睛是否有回讀的跡象:

請閱讀這段文字,感受自己在閱讀時眼睛的移動軌跡,看看是否存在回讀和複讀現象。

現在你應該會意識到,在閱讀時原來真的會出現大量的回讀。如果感覺不到也沒有關係,因為我們的目標就是要減少回讀。

那麼,經過獵豹閱讀法訓練後,一名成功的高效閱讀者的眼睛移動軌跡是怎樣的呢?

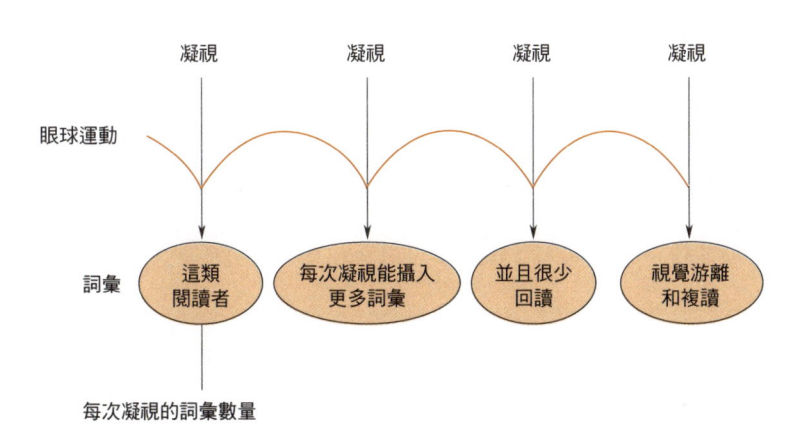

眼球運動	凝視	凝視	凝視	凝視
詞彙	這類閱讀者	每次凝視能攝入更多詞彙	並且很少回讀	視覺游離和複讀
每次凝視的詞彙數量				

高效閱讀者的眼睛移動軌跡

上面這張圖，是一名比較優秀的獵豹閱讀法學員在閱讀時的眼睛移動軌跡。

我們可以看到，他不僅沒有回讀，而且閱讀軌跡還往前大幅度移動。他的眼睛不僅往前移動，而且每次能夠閱讀4～5個字。

由於眼部肌肉也進行了訓練，比一般人發達，不僅一次看到的內容會更多，還能逐漸過渡到以語義為單位進行閱讀的階段。由於並非逐字閱讀，眼部疲勞程度也會有所減輕。

眼球肌是維持眼部功能的重要肌肉組織。透過眼球肌的有效收縮與舒張，能夠促進眼球運動，增加眼部血液循環，緩解視覺疲勞。

眼睛的6種肌肉包括上直肌、下直肌、左直肌、右直肌、上斜肌和下斜肌，透過這6種肌肉的運動，能夠提高閱讀速度，開闊視野，提升思維的敏捷度，能夠瞬間將圖像輸入視網膜，使大腦快速作出判斷，提高一眼獲取資訊的能力。

提高對眼睛運動的控制能力，是提高閱讀速度的重要手段。

鍛鍊眼部肌肉的方法有很多種，這裡簡單介紹幾種，供

大家參考。

方法一，轉動眼球法。

　　這種方法也是比較常用的方法之一。先將眼球按照順時針的方向分別向上、左、下、右4個方向**轉動**，再按照逆時針的方向分別向上、右、下、左4個方向**轉動**，每個方向定睛1～3秒鐘，每組動作堅持做6～9次，可以很好地增加眼部肌肉的力量。

方法二，瞪眼法。

　　就是將眼睛緩慢地睜大，上眼皮努力向上提起，堅持5～10秒，再將眼睛緩慢地閉上，間隔3～5秒之後重複之前的動作。每次做10～15次，每天3～5次。

方法三，遠眺法。

　　用眼睛眺望遠方，中間不要眨眼，5～10秒鐘之後緩慢地將目光回收，這樣不僅可以鍛鍊眼部肌肉，還可以緩解視覺疲勞，起到保護視力的作用。

方法四，米字法。

　　用眼睛寫米字。如果你不能確定你的眼睛是否能寫一個標準的米字，可以用手指比畫一個米字，眼睛跟上動作即

可。透過引導眼睛，可以多角度訓練眼部肌肉，並且能更平穩地移動。

眼睛是心靈的視窗，更是閱讀的入口。訓練眼睛周邊肌肉的控制能力時，請保持微笑，保持內心的甜蜜感。閱讀是一件很美好的事情，不要讓自己面目猙獰。當我們帶著愉悅的心情閱讀時，就像為大腦打開了一扇門，資訊會更容易被吸收。

經過一段時間的鍛鍊，相信你會擁有一雙炯炯有神的美麗大眼睛。

📖 取悅大腦,才能高效閱讀

現在,我們已經了解了**影響閱讀速度的兩個因素——閱讀停頓時長和回讀問題**,下一步就需要去找到能讓眼睛快速向前,且不回讀的方法。

不僅如此,這種方法還不能太難,太難了我們心裡會抗拒去做這件事情。

美國心理學家強納森・海德(Jonathan Haidt)在他的著作《象與騎象人》(*The Happiness Hypothesis*)中說,人的內心一部分像一頭桀驁不馴的大象,而另一部分則像是一個理智的騎象人。

從大腦的構造來看,人的小腦和腦幹——也就是所謂的爬行腦,就是那頭大象,以情緒、情感和天生的欲望為主導。而大腦皮質層就是騎象人,會理性地思考。

在強納森・海德的理論中,大象負責的系統是非常感性、直覺和情緒化的。比如,當我們碰到不喜歡的事情時,大象給我們的直覺回饋是厭惡、困難、拒絕、藉口等。

而騎象人更多的是負責理性的東西,負責思考這樣去做有沒有價值之類的問題。

所以,在解決閱讀阻礙問題的時候,我們首先要解決大

象與騎象人理論

騎象人只有在不和大象的欲求發生衝突時，才能輕鬆指揮大象

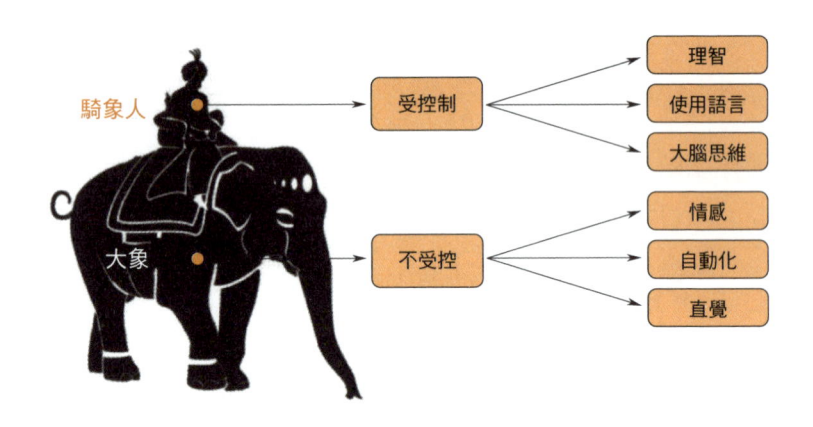

```
騎象人 ──→ 受控制 ──→ 理智
                  ──→ 使用語言
                  ──→ 大腦思維

大象   ──→ 不受控 ──→ 情感
                  ──→ 自動化
                  ──→ 直覺
```

象的情緒問題，因為如果大象覺得很難，你有再好的方法，它也不會開心地去學習。

那怎麼辦呢？當然是去滿足大象的情緒需求，讓大象感到學習很有趣，「哦，這其實很簡單嘛，原來只要去做就可以，我也會！」

所有一切改善閱讀的好方法，都是圍繞大腦的喜好展開的。

- 閱讀訓練的書籍要選擇相對容易的
- 要啟動閱讀獎勵機制
- 閱讀訓練方法要簡單

因此，獵豹閱讀法中所有提升閱讀能力的方法都非常簡單，一學就會。

如何選擇相對容易的書？

可以到書店逛逛，隨便找本書翻翻，如果感到難度超過了 50%，那麼這本書對你而言就相對難了，讀不了多久大腦就會抗拒進一步閱讀它。

如果特別想了解這個較難的領域該怎麼辦？

在這個時代，你想看什麼類型的書都能找到。即使同一個領域，也有不同形式的書籍出現。譬如歷史書，既有《劍橋中國史》《劍橋世界史》這類學術性較強的、比較嚴肅的書籍，也有《半小時漫畫中國史》、《半小時漫畫世界史》之類的通俗有趣的書籍。

比如我小時候喜歡《西遊記》的故事，別人聊唐僧師徒 4 人西天取經的故事時，我聽得津津有味。後來發現哥哥有一本《西遊記》原著，於是我趕緊打開厚厚的書，結果翻了不到 3 頁，就發現對我而言至少有 50% 的內容看不懂，內心就開始抗拒閱讀了。即便因為渴望讀書，後面又多次拿起來，但也多次放下去，因為讀不懂。

你是不是在讀一本書時也遇到過同樣的問題？比如在讀哲學或經濟學著作時，也會覺得很難讀下去。

後來我發現了兒童版的《西遊記》，內容不僅改編得通俗易懂，而且還配了很多精美的插圖，便迫不及待地從頭到尾一口氣讀完，別提有多高興了！

後來在中學時，我還是讀完了《西遊記》原著，這不僅是因為我認識了更多的字，還因為有了早年讀兒童版《西遊記》故事的基礎，再讀原著就容易很多。

我們在選擇閱讀書目時，別太為難自己，太難了會讓自己在閱讀上產生挫敗感。帶著畏難情緒，只是為了完成任務而閱讀，是極其痛苦的。不就是讀個書嗎？我們有必要讓自己那麼痛苦嗎？

懂得了選書的層次性，在適合自己的難度範圍內選書，閱讀就是幸福的、自信的。

研究人員認為記憶是一個過程，當你記憶時，實際上就是把保存在大腦中零零碎碎的資訊進行重建。

究竟是什麼引發大腦開始這個重建過程的，是一個仍待繼續探索的課題。不過，已經有 20 個因素被科學家證實是人類大腦喜歡的，如果能夠充分利用，學習效率將大大提

升,達到事半功倍的效果。

在進行閱讀訓練之前,我們需要先了解一下這 20 個因素,在後面的訓練中,這些知識會幫助到我們。

1. 大腦喜歡色彩

各種鮮明的色彩可以刺激大腦,影響大腦的認知和分析能力。科學家研究發現,橘黃色、淺紅色可以刺激大腦的反應能力,提高注意力。綠色可以使大腦愉悅、放鬆,緩解緊張情緒。工作久了,不妨看一看色彩豐富的畫作,看看綠色的植物。

所以,平時可以使用高品質的有色筆或有色紙進行記錄,因為顏色能輔助記憶。獵豹閱讀法的實踐證明,在閱讀訓練過程中,使用以上相關顏色的細長物作為眼睛的引導物,比使用黑色、白色的引導物效果更好。

2. 大腦集中注意力最多只有 25 分鐘

對成年人而言,學習 20～30 分鐘後,就應該休息 5 分鐘。持續地學習,不如有意識地間隔學習效果好。想要高效率地學習,切分時間是明智的選擇。

3. 大腦需要休息,才能學得快、記得牢

如果你感到疲勞,可以先拿出 20 分鐘小睡一會兒再繼

續學習。如果你為了趕工期，需要學習到深夜，不如先睡，4 點後起床再學習效果會更好。

4. 大腦需要優質燃料

大腦是一臺珍貴而複雜的機器，所以你必須給它補充「優質燃料」。垃圾食品、劣質食品、所有化學製品和防腐劑，不僅會損害身體，還會削弱智力。

英國一項研究顯示，飲食結構會影響一個人的智商。

5. 大腦是一個電氣化學活動的海洋

電和化學物質在水裡能更順暢地流動，如果你脫水，就無法集中注意力。專家建議，日常生活要多喝水，保持身體必需的水分，而且一天最好不要飲用相同的飲料，可以交替著喝礦泉水、果汁和咖啡等。另外，研究資料顯示，經常性頭痛和脫水有關。

6. 大腦喜歡問題

當你在學習或讀書過程中提出問題時，大腦會自動搜尋答案，從而提高你的學習效率。從這個角度來說，一個好的問題勝過一個答案。

很多家長接孩子放學，經常問的問題是：今天老師教的課程你學會了嗎？不如改成：今天你向老師提出了幾個問

題？好問題能讓我們更具有創造性，而非僅僅是接受知識。

7. 大腦和身體有它們各自的節奏週期

一天中大腦思維最敏捷的時間段有幾個，如果你能在大腦功能最活躍的時候學習，就能節省很多時間，取得更好的學習效果。

8. 大腦和身體經常交流資訊

如果身體很懶散，大腦就會認為你正在做的事情一點都不重要，大腦也就不會重視你所做的事情。

所以，在學習的時候，保持微笑、端坐、身體稍微前傾，會讓大腦保持警覺。

9. 氣味影響大腦

香料對保持頭腦清醒有一定的功效。薄荷、檸檬和肉桂都值得一試。

10. 大腦需要氧氣

經常到戶外走走，呼吸新鮮空氣或運動一下，然後再進行學習，效果會更好，經常站著學習效果也非常不錯。

11. 大腦需要空間

盡量在一個寬敞的地方學習，這對你的大腦有好處。

12. 大腦喜歡整潔

最新的研究顯示，在一個整潔、有條有理的家庭長大的孩子，在學業上的表現更好。為什麼？因為接受了安排外部環境的訓練後，大腦會學會組織內部需要的技巧，所以記憶力會更好。

13. 大腦喜歡放鬆

當你受到壓力時，體內就會產生皮質醇，它會殺死海馬迴中的腦細胞，而這種大腦側面腦室壁上的隆起物在處理長期和短期記憶上發揮主要作用。因此，壓力影響記憶，而鍛鍊可以改善壓力。

14. 大腦並不知道你想做哪些事情，所以需要你告訴它

你想讓大腦做什麼，可以用自言自語的方式對大腦說出來，但是不要提供消極資訊，而是要用積極的語言傳遞資訊。

15. 大腦如同肌肉，是可以訓練和加強的

無論在哪個年齡層，大腦都是可以訓練和加強的，這毫

無疑問，不要尋找任何藉口。不要整天待在家裡無所事事，那只會讓大腦老化的速度加快。專業運動員每天都要訓練，才能有突出表現。所以你一定要「沒事找事」，不要讓大腦一直閒著。

16. 大腦需要重複

每次回顧記憶間隔的時間越短，記憶效果越好。因為多次看同一事物能加深印象，但只看一次卻往往容易忘記。

17. 大腦的理解速度比你的閱讀速度快

用鉛筆或手指輔助閱讀，可以讓眼睛移動得更快。大腦的理解速度比眼睛移動要快得多，所以根本不用擔心大腦會跟不上。

18. 大腦喜歡簡單，也會聯想

當你面對龐雜的事物時，進行歸類，就會讓事情變得簡單。在面對一件事時，不妨問問自己：它讓我想起了什麼？這樣做有助於增強記憶，因為大腦能把你以前知道的知識和新知識聯貫起來。

19. 大腦喜歡好心情

開心程度和學習效率成正比，心情越好，學到的知識就

越多，所以，讓自己快樂起來吧！

20. 大腦喜歡新鮮

大腦非常喜歡新鮮的事物，帶著好奇，大腦會自動探索事物，有利於保持大腦活力。

大腦也喜歡新鮮的食物，新鮮的食物可以給我們補充所需的維生素和營養物質。因此，養成食用新鮮蔬果的習慣，增添一些有趣的興趣愛好，可以保持大腦的年輕和活力！

了解大腦喜歡什麼，我們才能找到愉悅大腦、高效閱讀的方法。

📖 高效閱讀基礎訓練——指讀法

當我們了解了自己當前的閱讀水準,了解了閱讀的兩大障礙是回讀和停頓時長,了解了我們的大腦喜歡什麼,激動人心的消除閱讀障礙的旅程——**指讀法訓練**——就要開始了。

指讀法,顧名思義就是用手指著文字來閱讀,是一種被證實行之有效的高效閱讀訓練法。

但我更想要用「**引導眼睛閱讀**」這個詞,因為我們不僅僅是用手指,還可以用其他引導物指著文字閱讀。大腦發出指令後,手指或其他引導物可以引導眼睛勻速穩定地向前閱讀。

當手指或其他引導物在書頁上移動時,能有效引導眼睛更快、更準確地向前移動,有效消除眼睛停頓、回讀的問題,讓注意力更加集中,從而提高閱讀速度。

有效移動並非亂動,如果你不能根據大腦指令執行,眼睛移動是無意義的。而有效移動,有助於在「一次凝視」中獲取更多內容。

記住,**所有高效閱讀法的本質,都是讓眼睛有效移動。**

在正式學習指讀法之前,我們需要做一些準備工作。

第一,選擇引導物。

手指作為引導閱讀神器本身是非常棒的,但有的人在進行閱讀的過程中,覺得手指比較粗,會阻擋文字。因此可以使用自己喜歡的細長物作為引導眼睛的工具來訓練閱讀。

引導物可以是任何細長物——手指、筷子、指揮棒,藉助引導物做眼睛的指揮官、導航儀,讓眼睛隨著引導物的指揮,流暢向前。

引導物指向東,眼睛能迅速到東;引導物指向西,眼睛能迅速到西;引導物勻速向前,眼睛就能勻速向前。

引導物可以是粉色的、綠色的、藍色的,彩色能夠刺激眼球聚焦,使得大腦產生的興趣更持久。

第二，準備訓練用的無意義材料。

什麼是無意義材料呢？

就是材料中的內容沒有任何具體意義，只是一些亂碼。你可以找一些亂碼或者不認識的英文、韓文等，排一下版，選擇 4 號字體，用 A4 紙列印 10 份出來作為訓練材料。

記住，這些只是一些亂碼，我們不需要記住它。我們只是利用它訓練眼睛的流暢移動，做到單點突破，消除回讀和停頓即可。

如果一開始就用正常的書籍訓練，許多人會受慣性思維的影響，看到文字就想知道內容，如此會嚴重影響我們的訓練，無法做到單點突破、提高速度。

在面對新事物時，不要讓大腦同時面對兩個問題。一開始，如果既要做到眼睛流暢自如，又要了解閱讀內容，注意力就會不平衡，一部分跑到理解內容上去了，無法進行專項訓練。

再次強調，無意義材料的出現是為了訓練而存在的，而非為了閱讀而存在。如下圖所示：

獵豹閱讀法

Wuyt ytdnb apoiuj webgui sdfza sdhk 189uyt EWPOB0 erfbn kidyt lkzv75e h09ncd axxxbbb mi73ghs EEUYf M<.741:1t 28rwwoa 456/12nb ~?>dfg 2546b dhjlknb zxcvbn5tykuilqw 189uyt EWPOB0 erfbn kidyt lkzv75e h09ncd kidyt loptrega cccv 369poilkjasdrt yuvrewq poilkjas apoiuj zxcvbn5tykuilqw FFGHJYT ??%$3greewzx bn5tykuilqw 189uyt HHH webgui sdfza sdhk 역사학 역사적 문헌 zxcvbn5tykuilqw22 문헌 456 erfbn kidyt lkzv75e 문헌 기록 필름 75e456 poilkjasdrt yuvrewq poilkjas apoiuj 123wepo 필름 fkiuyteeewww www450?/ 23 wwsdcerfb uitohj 367/필름 ggbnhb zxcvbn5tykuilqw 189uyt EWPOB0 erfbn kidyt lkzv75e 역사학 erfbn kidyt 1234yujhls 미안합니다 감사합니다 apoiuj webgui sdfza sdhk 16tremokjh aaa ccc 000 9865 asert x すみません感謝合ニ zxcvbn5tykuilq やまちまをわびる문헌기록 필름 5tykuilqw HHH webgui sdfza sdhk 역사학 xxxbbb mi73ghs36lllkuytrvbc mmms hhegffsefrlioj 666 もうしわけない e 문헌 456 erfbn kidyt lkzv75e 문헌 기록 필름 erfbn kidyt ん감사합 もうしわけない 189uyt HHH もうしわけない ??<>147=+wernhy nbv axxxbbb mi73ghs EEUYf M<.741:1t 28rwwoa 456/12nb ~?>dfg 2546b dhjlknb zxcvbn5tykuilqw 189uyt EWPOB0 erfbn kidyt lkzv75e h09ncd kidyt loptrega cccv 문헌 456 erfbn kidyt lkzv75e 문헌 기록 필름 75e456 poilkjasdrt yuvrewq poilkjas apoiuj 123wepo 필름 fkiuyteeewww www450?/ 23 wwsdcerfb uitohj 367/필름 ggbnhb もうし문헌わけないこ문헌んにちはげんき aaa ccc 000 ですかですか 367/ i ki ma s zxcvbn5tykuilqw1 します 23 わた 5ty した sdkl ちの x4 それか yc zxcvbn5tykuilqw 189uyt EWPOB0 erfb わけない 189uyt HHH もうしわけな rrvb bn5tykuilqw 189uyt HHH webguisdfza sd 역사학 역사적 문헌 zxcvbn5tykuilqw22 ら미안합니다 감사 189uyt EWPOB zxcvbn5tykuilqw 189uyt EW わ 269er け ujuj な 문헌 456 erfbn kidyt lkzv75e 문 1 헌 기록 필름 75e456 poilkjasdrt yuvrewq poilkjas ppirzxcvbn5tykuilqw 189uyt EW 헌필름 fkiuyteeewww www450?/ 23 HOPOPOwer696 lpokijc 필름 5tykuilqw HHHwebgui sdfza sdhk 역사학 xxxbbb mi73ghs36lllkuytrvbc mmms やま 1 ち 25 をわびる문헌 기록いきますいきます?@$%/ i ki ma s zxcv

第三，引導方法。

指讀法訓練的目的是克服逐字閱讀的習慣，提高閱讀速度，所以在訓練時，請別用引導物從頭到尾在每個字下方移動，而是在每行的中間位置移動，也就是在去掉每一行前後3～5個字的地方移動。

如下圖所示，每一行有下劃線的部分，就是你的引導物要指到的地方。也就是說，引導物移動時，不用去關照每一行的前後幾個字，而是在每一行的中間位置移動。

態度決定狀態，狀態自然決定成績。

> 引導物在橫線處移動

有句話說：守時的人不一定優秀，但優秀的人一定很守時。

因為守時就代表著自律，有責任心，會讓人感覺靠譜、值得信賴，在團隊合作和未來發展中更容易獲得好機會。

> 橫線部分是引導物移動的範圍

對孩子來說，守時代表著有管理時間的能力，有計畫、有責任心地學習和生活。

有次跟一位園長聊天，她說那些經常入園踩著點或遲到的孩子，基本都有拖延和不認真的問題。

所以，英國一些學校會向經常遲到的學生的家長收罰款，希望能引起對守時的重視。

> 每一行的首、尾3~5個字不指讀，用餘光掃視即可

引導物在無意義材料每行下方移動時,要求引導物勻速向前移動,而非忽快忽慢,因為對於初學者來說,引導物忽快忽慢地移動不利於眼睛穩定、流暢地移動。

要讓引導物從紙面上輕輕滑過,而非讓引導物在每行下方移動時產生摩擦紙面的聲音,這樣會影響速度,阻礙流暢度。這一點很關鍵。

> 提示:
> 在進行高效閱讀訓練時,不要配戴隱形眼鏡訓練,以免眼睛不適應。

準備工作做好了,下面開始我們的指讀法訓練吧。

只要跟著書中的方法去做,就能立即改善回讀和眼睛停頓時間長的問題,提升速度和理解,提高閱讀效率。

> 提示:
> 在進行下面的閱讀訓練之前,別忘記本章第一節的要求,測試你當前的閱讀速度。

現在,請跟著我的方法用無意義材料進行訓練。

一、訓練內容

　　讓眼睛跟著引導物，勻速向前移動，消除前面所說的回讀和停頓時間長的問題。

二、訓練方式

　　利用碎片化時間，把它當成遊戲。

三、準備工作

1. 拿出列印好的 10 張無意義材料。如果手頭暫時沒有材料，可以找一本 A4 大小的書籍，把書倒過來進行訓練，稍後再去列印無意義材料。
2. 告訴大腦，每一行前後的 3～5 個字不用指到，眼睛的餘光可以幫助自己看到那些。
3. 拿出計時器，定時 3 分鐘。

四、開始訓練

1. 當你開始閱讀無意義材料時，請別瞇著眼睛，要稍微睜大，將引導物在每一行下方移動。
大約兩秒鐘劃過一行，每一行的首尾 3～5 個字不

用指到。

眼睛不要看引導物，而是看引導物上方的字元。

訓練時，暗示自己，頭部不動，僅僅是眼睛動。有些人在訓練時，難以控制自己的頭部，不停地擺頭，這會導致頭暈。

如果你無法確認自己的頭有沒有動，可以用手機錄製自己訓練的影片，在訓練結束後查看自己的頭是否在動。

2. 當引導物移動到行尾的一剎那，請將引導物稍微抬高 1.5 公分，然後迅速移到第二行，從左到右用 2 秒鐘劃過一行。

別忘記，無論引導物在哪一行移動，起止位置都是每行頭尾去掉 3～5 個字的地方。

3. 每組訓練時間定為 3 分鐘。3 分鐘一到，迅速在閱讀材料中標記結束位置，再數一下自己 3 分鐘內一共閱讀了多少行，每行多少字。

為何一組訓練設置為 3 分鐘，而不是 15 分鐘？

首先，3 分鐘一組進行訓練，可以充分利用碎片化時間。用喝杯水的時間、聽一首音樂的時間就能訓練一組。上

班前、下班後、地鐵上、等人時,隨時隨地都可以訓練。

其次,如果一次訓練 15 分鐘,會影響訓練效果。分開訓練,能為我們創造更多的首因效應(primacy effect)和近因效應(recency effect),對記憶更有利。科學用時,縮短一件複雜事情的訓練總時長,能更好地達到效果。

4. 將本次 3 分鐘閱讀訓練的結果,登記到閱讀進步表中:

閱讀進步表
(第　　周)

姓名		年齡	
日期	書名	速度(WPM)	心得
1			
2			
3			
4			
5			
6			
7			

> **3 分鐘指讀訓練**
>
> 請按照上面的方法進行訓練吧,注意:
> 1. 一天訓練 5 組,每次 3 分鐘。
> 2. 每組訓練完畢後,至少休息 5 分鐘後再訓練。
> 3. 可以休息更長時間,但當天一共 15 分鐘的訓練務必全部完成。這樣持續訓練 15 天就能看到每一天的速度都有改變。
> 4. 切忌三天打魚兩天曬網。
> 5. 中間休息時,可以去散步,活動一下身體,或者看看戶外,不要超過 3 分鐘去做連續訓練。

　　你會發現,隨著你的熟練度提高,閱讀會越來越流暢,3 分鐘所完成的閱讀字數會越來越多。繼續重複這個動作,直到你的引導物移動的速度和眼睛移動的速度達到一個協調的狀態為止。

五、檢驗閱讀

> **提示:**
>
> 1. 每天完成 5 組(合計 15 分鐘)訓練後,再閱讀 3 分鐘,檢驗訓練效果。也可以連續做 5 天無意義材料

的訓練，再閱讀 3 分鐘，檢驗訓練效果。
2. 檢驗訓練效果時，要用正常的閱讀材料，可以是書，也可以是文章，而非無意義材料。

    可以選擇對你而言不太難的書或文章，看看這個時候你的閱讀速度發生了什麼變化。
3. 閱讀時，依然是用引導物引導眼睛向前。記住，檢驗閱讀時，以訓練之後盡可能快的速度閱讀。
4. 這 3 分鐘的閱讀，和未進行高效閱讀訓練之前一樣，要以讀懂材料為目標。
5. 3 分鐘一到立刻停止，根據前面所教的計算方法，計算每分鐘的閱讀速度（每行平均字數 × 閱讀總行數 ÷ 閱讀總時間），並記錄到閱讀進步表中。

　　與訓練前的測試速度相比，你的閱讀速度是否提升了呢？

　　無一例外，經過這樣的訓練，只需要 5 天，你的閱讀速度就會發生很大變化，有可能從以前的每分鐘 300 字，達到每分鐘 800 字，甚至 1000 字以上。我的一位學員，經過 5 天訓練後，閱讀速度甚至達到了每分鐘 3000 字以上。

　　你也許有點不相信，此時你可以再閱讀 3 分鐘試試，你會發現，這是真的。

為什麼呢？因為**透過訓練，你解決了無意識的回讀問題、眼睛停頓時間長的問題、注意力不集中的問題。**

引導眼睛訓練，是一劑能幫助你消除閱讀阻礙的良方。引導閱讀會讓眼睛在閱讀上的工作量減小，大腦也會容易集中注意力，不但不會有損於你的理解，甚至還會提升理解能力。

如果在訓練時，你很快就能進入這個狀態，立刻感受到引導的作用，那麼恭喜你，你的稟賦相當不錯。接下來要做的是加強訓練，這才能讓眼睛和手產生慣性動作，讓眼部肌肉更加有力量。

也有些人可能要等到訓練的第二天或者第三天才能感受到速度的提升，暫時不能感受到眼睛和引導物的協調統一，這些都很正常。對於大腦而言，重複才能變成長期記憶，才能變成習慣動作。

要暗示自己一定可以，別有太多的懷疑，不要總覺得自己這個不對、那個不對，這樣是無法專注訓練的。

訓練的目的是高效閱讀，當你每天完成總時長 15 分鐘的專項訓練後，你就可以選擇自己感興趣的書籍來進行閱讀了。

經過訓練，你的眼部肌肉不僅會變得發達，還能克服回讀問題，閱讀速讀當然比一般人快很多。

當然，在訓練過程中，每個人的閱讀速度都不是一直向上的，而是波動式上升的。剛開始是緩慢起步，而後快速提升，再進入緩慢上升甚至停滯不前的狀態。

請大家記住，這是一種正常現象，不要因為速度的起伏影響你的心情。

從教育心理學的角度講，知識與技能的學習進程並不總是順順利利的，學習效果也並不總是隨時間的增加而持續上升的。當學習到一定程度時，進步會出現暫時停滯，甚至出現倒退的現象，即「高原現象」，在成長曲線上表現為保持一定水準而不再上升，或者有所下降。但突破「高原現象」之後，成長曲線又會上升。

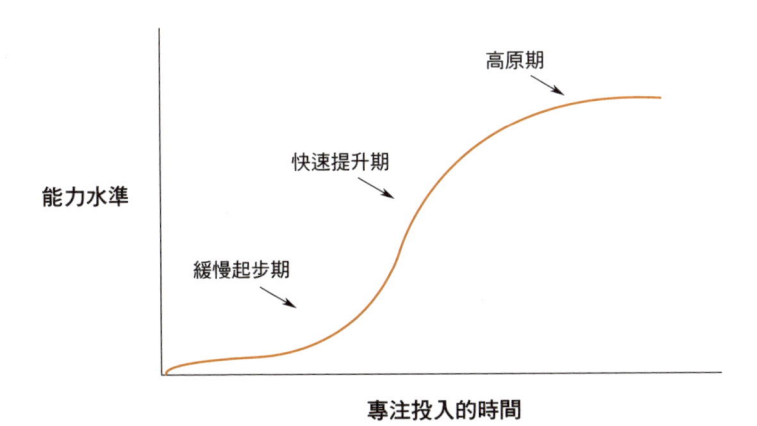

「高原現象」是學習過程中必須經過的一個階段，它是能力與技術水準質變前的量變過程，一旦突破，能力與技術水準就會更上一層，同時取得質的提升，跨入新的境界。

想要克服「高原現象」，就要堅持學習，不斷探索，改進學習方法，克服學習上的困難。掌握了新的規律或技巧後，學習成績又會逐步上升，進步的速度又會開始提升，能力水準會達到新的高度。

以上就是指讀法的訓練方法。

先去快樂地投入 5 天訓練，再透過閱讀檢驗一下你的閱讀速度有沒有改變吧。如果有，就請持續訓練 10～15 天，然後再開啟下一階段的進階學習。

📖 高效閱讀進階訓練──321 閱讀法

透過前面的基礎訓練,你的閱讀速度是不是已經有所提升了呢?

接下來,我來為大家介紹「相對閱讀」,帶領大家踏上高效閱讀的賽車道,在賽道上去飛馳人生。

就像學習駕駛一樣,一開始我會先教大家如何駕駛,當熟練到一定程度後,我會教大家如何根據不同路況切換速度,比如,路況崎嶇不平時我們會降低速度,路況好時會加大油門飛馳向前。

> 提示:
> 在進行高效閱讀訓練時,請不要配戴隱形眼鏡,以免造成眼睛不適。

什麼是相對閱讀呢?

相對閱讀,就是在進行高效閱讀訓練時,透過循序漸進的方式不斷提升閱讀速度。訓練速度發生變化,閱讀速度也

會發生變化。訓練速度不變,閱讀速度也會不變。

我們先來做兩個眼球運動的小遊戲。

遊戲一

找個人坐到你的對面,請他轉動眼球去盡量畫一個規則的圓圈。你仔細觀察他的眼球運動,是否畫了一個規則的圓。如果他不能畫出規則的圓,那麼你們互換角色,看看你是否能畫出一個規則的圓。

結果如何呢?

事實上,無論你多麼努力,結果也只能畫一個近似於圓形的多邊形。

這就是人眼與生俱來的工作機制,在沒有任何外界輔助的情況下移動眼睛,既無法畫出完美無缺的圓形,也無法畫出工整的方形。

閱讀的時候也是這樣,儘管你感覺自己的眼睛一直在沿著一行文字勻速移動,但是視線實際上是在大腦毫無察覺的情況下來回跳躍。

之所以做上面這個小實驗,是希望我們每個人透過自己的親身體驗,都能認識到眼睛回跳的嚴重性。

遊戲二

再請一個人坐到你的對面，你用手指在他的眼前畫一個勻稱的圓圈，讓他的眼睛跟隨著你的手指移動畫圓。你仔細觀察他的眼球運動，是否是一個規則的圓。如果他做到了，你們互換角色，看一看你是否能做到。

這一次結果如何呢？

你會發現，結果比不用手指引導要好很多。

這說明我們的眼球其實是可以被指揮的，有了手指的引導，可以輕而易舉地畫出任何一個簡單的幾何圖形。而且在引導下，眼睛的移動軌跡也會更圓滑，不會出現隨意亂跳的現象。

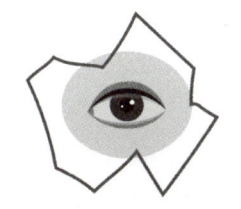

眼睛在沒有引導的情況下沿圓周運動所顯示的軌跡模式

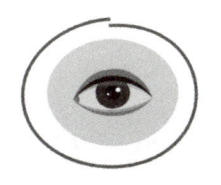

眼睛在引導下沿圓周運動所顯示的軌跡模式

現在你或許能深刻地理解眼睛是可以被引導的，是可以被訓練得更好的器官了。使用引導物在書上畫線，有助於我

們減少不必要的回跳和複讀。

如何進行相對閱讀訓練呢？

我稱該方法為**「321 閱讀法」**，就是原本需要 3 分鐘閱讀完的文字，透過訓練，用 2 分鐘就能讀完，然後再進階到用 1 分鐘也能讀完。

321 閱讀法的核心在於：掌控時間、伸展時間。

在進行相對閱讀訓練時，要將訓練材料改為有意義的閱讀材料，而非之前用到的無意義材料。因為我們提升速度的目的，不僅是要把閱讀時間縮短，還要能更有效地閱讀。

研究表明，長期運動，人的大腦會發生驚人的變化。一個運動員的目標感、耐力、追求一件事的專注力和持久度都很強，這是長期運動的結果。

2016 年一項調查結果顯示，63 名省級高考狀元中，有 34 人喜歡體育；2017 年調查結果顯示，42 名省級高考狀元中，有 24 人喜歡體育。那些操場上特別活躍的孩子，一般學習也特別優秀。

這是為什麼呢？

人在運動的時候，體內會產生多巴胺、血清素和腦內

啡,這 3 種神經傳導物質,都和學習有關。

多巴胺能讓人感到快樂,保持快樂的學習狀態。如果心情不好,是無法很好地學習的。

血清素可以釋放壓力,讓情緒更加穩定,提高記憶力。

腦內啡能提高專注力,讓孩子們上課更加專心。它也是天然的止痛藥。如果想避免和別人爭吵,不妨先去跑一圈再來解決問題,這時情緒會被釋放,處理問題的效果會完全不同。

改造大腦三傑

1 多巴胺
2 血清素
3 內啡肽

哈佛大學、耶魯大學等機構關於人類腦計畫的研究發現,堅持運動可以明顯促進大腦的發育,而且運動不僅健腦,還會讓我們的內心變得更加強大。

我們可以把上述方法轉移運用到學習中。不斷重複這個訓練過程,眼腦手配合就會變得非常協調。

要達成 321 閱讀法的目標,訓練時需要把難度分解,逐步提升難度,分為 3 個階段進行:

第一階段:3 分鐘閱讀,2 分鐘訓練,1 分鐘讀完之前 3

分鐘閱讀的內容。

第二階段：3分鐘流覽，2分鐘超速，1分鐘讀完之前2分鐘閱讀的內容。

第三階段：3分鐘流覽，2分鐘超速，1分鐘讀完前面讀的內容。

第一階段訓練

一、時間要求

一共訓練5天，每天訓練3組，每組6（3+2+1）分鐘。

二、準備工作

1. 此時需要選擇的閱讀訓練材料是書，要選擇想讀的、感興趣的書來進行訓練，而不是特別難懂的書，訓練材料的難度別超過自己接受程度的20%。
2. 閱讀時，將書按照45度角斜放好，將引導物準備好，計時器準備好，燈光調整好，坐姿調整好，雙腳平放地面呈90度，深呼吸放鬆，保持微笑。

三、開始訓練

1. 閱讀 3 分鐘

　　將引導物在每行文字下方移動，每一行前後 3 ～ 5 個字不用指到，要求讀懂。讀完請標記位置。數一下 3 分鐘一共讀了多少字，把數據記錄到閱讀進步表中。

　　讀懂，是指你知道你讀了什麼，不要跳行，不要跳字，不要盲目閱讀。這裡要求的閱讀速度，是訓練閱讀無意義材料之後的正常速度。

　　比如你完成無意義材料的訓練之後，檢測閱讀訓練效果時，測算的速度比你最初要高，達到了每分鐘 800 字，那現在要用每分鐘 800 字左右的速度來閱讀並做到讀懂。

2. 刻意伸展

　　定時 2 分鐘，把剛剛 3 分鐘閱讀的內容再讀一遍，也可以讀超過這 3 分鐘的內容，但不能少於剛才 3 分鐘閱讀的內容。如果少了，請重新做一遍，達到時間要求為止。

　　拿引導物在每行下方移動，每一行前後 3 ～ 5 個字不用指到，要求讀懂。

　　由於你在剛才 3 分鐘訓練時已經讀懂了這部分內容，再讀時基本上不需要在理解上費腦力，所以 2 分鐘你是完全可以做到的。暗示自己：「我可以」。

如果你沒完成任務，也不要沮喪，因為現在是在進行眼部的刻意伸展，逼迫我們的眼睛移動更流暢，並由此提高專注力。我們要做的是再做一遍，直到達到目標為止。

這個過程中要做到：**眼睛跟著引導物快速向前，同時控制文字量和時間，高效達到加速目標。**

當你 2 分鐘能讀完原本 3 分鐘才能讀完的內容時，標記一下位置，數一下 2 分鐘一共讀了多少字，再把閱讀速度數據記錄到閱讀進步表中。

3. 強力伸展

定時 1 分鐘，把剛剛 3 分鐘閱讀完的內容，用 1 分鐘讀完。

閱讀時拿引導物在每行文字下方移動，每一行前後 3～5 個字不用指到，要求讀懂。

剛開始，你也許會覺得這個目標有點難，認為自己很難完成。你可以一邊做一邊暗示自己：

「我的眼睛非常靈活，能夠跟隨引導物迅速將一行的資訊盡收眼底，只要跟著引導物快速向前，1 分鐘讀完也難不倒我。我完全可以做到 1 分鐘讀完剛才 3 分鐘的內容，甚至讀更多內容。」

只要多做幾遍，相信你一定可以達成目標。達成目標後，標記一下位置，數一下 1 分鐘一共讀了多少字，把數據

記錄到閱讀進步表中。

第一階段訓練

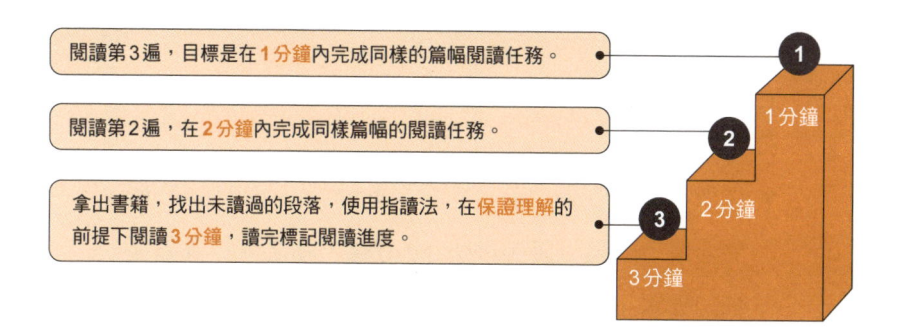

- 閱讀第3遍，目標是在 **1分鐘** 內完成同樣的篇幅閱讀任務。 ① 1分鐘
- 閱讀第2遍，在 **2分鐘** 內完成同樣篇幅的閱讀任務。 ② 2分鐘
- 拿出書籍，找出未讀過的段落，使用指讀法，在 **保證理解** 的前提下閱讀 **3分鐘**，讀完標記閱讀進度。 ③ 3分鐘

小練習

請按照上面的方法進行訓練，注意：

1. 定時3分鐘，開始閱讀，要求讀懂內容。
2. 用2分鐘再讀一遍同樣的內容。
3. 再用1分鐘讀完同樣的內容。
4. 無論是3分鐘、2分鐘，還是1分鐘，閱讀訓練的內容都相同，但時間改變了，因此速度也改變了。

根據我的教學經驗，第一天訓練時，用2分鐘完成3分鐘閱讀內容的任務，人人都可以做到，用1分鐘完成3分鐘閱讀內容的任務，可能會有點難度，但只要訓練3天，就能

達成目標。

如果你正在訓練，只要盡力而為、專注其中即可，不用去糾結速度是否有提升。因為現在我們是在做閱讀訓練，而不是真正閱讀。

> 提示：
> 1. 在做第二組訓練之前，先休息 5 分鐘，可以做 50 個開合跳，也可以外出散步 10 分鐘，總之你需要去運動、喝水，然後再進行第二組訓練。
> 2. 在做第三組訓練之前，也先休息 5 分鐘，同樣可以做 50 個開合跳，也可以外出散步 10 分鐘，然後再進行第三組訓練。
> 3. 每天至少要完成 3 組訓練，每組訓練用時 6 分鐘（3+2+1），合計每天用時 18 分鐘，但每組中間要至少休息 5 分鐘以上，並且要運動。尤其是辦公一族，更要運動後再進行閱讀訓練。
> 4. 將 3 組數據記錄到閱讀進步表中。記錄時，3 分鐘閱讀了多少內容就記錄多少，不用換算成每分鐘的平均速度。2 分鐘和 1 分鐘各閱讀了多少內容也是如此，不用換算成每分鐘的平均速度，這樣可以更直觀地看到自己訓練的情況。

4. 檢測閱讀

18 分鐘的 321 閱讀訓練完畢之後，選擇新的材料進行閱讀，時間是 3 分鐘，檢測自己的訓練效果。將檢測得到的每分鐘平均的閱讀速度，記錄到閱讀進步表中。這次你的閱讀要計算每分鐘平均的閱讀字數哦。

這樣，一天的訓練任務就完成了，第二天、第三天、第四天、第五天，請重複這樣的動作。

好了，看到這裡，趕緊去訓練去吧。建議連續訓練至少 3 天後，再進行接下來的內容。

第二階段訓練

當你完成了第一階段的 5 天訓練之後，相信你的閱讀速度和理解能力已經同步提升了，但這只是你走上高效閱讀道路的開始，你還有很大的潛力可以挖掘。

如何能夠更順利地加速呢？還需要繼續進行第二階段和第三階段的練習。

第二階段的 321 閱讀訓練任務是：

首先，用 3 分鐘流覽需要閱讀的材料。

其次，用 2 分鐘流覽原本 3 分鐘流覽完的內容，閱讀量只能多不能少，少了就再做一次，直到達成第二步目標為

止。

　　最後，用 1 分鐘流覽原本 2 分鐘瀏覽完的內容，閱讀量要多於之前 2 分鐘閱讀的內容，少了請再做一遍，直到達成第三步的目標為止。

　　每組都這樣進行訓練，一天做 3 組，至少訓練 3 天。

　　練習方法仍然是使用引導物，在每行文字下方移動，每一行前後 3～5 個字不用指到。

第二階段和第一階段有什麼區別呢？

　　第一階段 3 分鐘閱讀的內容，要求讀懂，而第二階段 3 分鐘閱讀的內容不要求讀懂，是流覽，知道內容是什麼即可，要求降低了。

　　就像你去動物園，在有限的時間內隨便逛逛，不要求對每個場館進行深度了解。為什麼呢？因為流覽比理解速度快。

　　所以，第二階段的 3 分鐘對閱讀速度的要求提高了。流覽的內容必定會多，後面的 2 分鐘與 1 分鐘想要超越這個內容，難度會隨之加大。

下面，請按照要求開始第二階段的訓練：

一、準備工作

1. 準備閱讀訓練材料。選擇想讀但不是特別難懂的書或文章來進行訓練,訓練材料的難度不要超過自己接受程度的 20%。
2. 將書以 45 度角斜放好,準備好引導物,調整好燈光,準備好計時器,調整好坐姿,雙腳平放地面,保持微笑。

二、開始訓練

1. 閱讀 3 分鐘

　　流覽訓練材料 3 分鐘,流覽完畢請標記位置。只需要知道大概內容是什麼即可,無須達到理解的程度。

　　數一下 3 分鐘一共流覽了多少內容,把數據記錄到閱讀進步表中。

2. 刻意伸展

　　定時 2 分鐘,要在 2 分鐘內閱讀超過原來 3 分鐘的量。如果沒達到目標,就再做一遍,直到達到目標為止。讓你的眼睛跟隨手指或引導物快速向前,同時控制文字量和時間,達到高效加速的目標。

完成任務後,請標記一下位置,數一下 2 分鐘一共讀了多少字,把數據記錄到閱讀進步表中。

> **提示:**
> 重點不是讀懂內容,而是進行眼部的刻意伸展,逼迫我們的眼睛移動更流暢。

請記住,這是一個訓練,並非真正的閱讀。

3. 強力伸展

定時 1 分鐘,在 1 分鐘內讀完之前 2 分鐘閱讀的內容。這個任務目標,對你來說可能會有困難,但多做兩遍,你一定可以達成目標。因為內容你已經瀏覽過兩遍了,這次重點要放在超速上。

你可以一邊做一邊在心裡告訴自己:

「我的眼睛非常靈活,能夠跟隨引導物迅速將一行的資訊盡收眼底,只要跟著引導物快速向前,1 分鐘讀完也難不倒我。我完全可以做到 1 分鐘讀完剛才 2 分鐘的內容,甚至閱讀更多內容。」

不斷重複這個訓練,眼腦手配合就會非常協調。

達成目標後,標記一下位置,再數一下 1 分鐘一共讀了多少字,把數據記錄到閱讀進步表中。

提示：
1. 做第一組訓練時，用 2 分鐘超越原本 3 分鐘閱讀的內容幾乎人人可以做到，但用 1 分鐘閱讀原本 2 分鐘閱讀的內容可能就會有點難度了，盡力而為即可，不用糾結，因為我們現在是在訓練。
2. 在做第二組訓練之前，先休息 5 分鐘，可以做 50 個開合跳，或者照照鏡子，看看自己的眼睛是不是變美了，也可以外出散步 10 分鐘，總之要去運動、喝水，然後再進行第二組訓練。
3. 在做第三組訓練之前，也先休息 5 分鐘，去運動、喝水，然後再進行第 3 組訓練。
4. 3 組訓練數據都需要記錄到閱讀進步表中。記錄時，3 分鐘閱讀了多少內容就記錄多少，不用換算成每分鐘的平均速度。同樣，2 分鐘和 1 分鐘也是如此，都不用換算成每分鐘的平均速度，因為這樣可以更直觀地看到自己的訓練狀況。

4. 檢測閱讀

　　每天訓練得比較順利的同學，可以較快地完成訓練任務。在 2 分鐘和 1 分鐘的閱讀訓練中不太順利的同學，用時可能會稍微長一點。但不要太糾結時間，享受其中的樂趣

吧，萬一你這樣訓練之後，真的發現了一個不一樣的自己呢？

3組訓練完成之後，選擇新的內容閱讀3分鐘，檢測自己的訓練效果。將檢測閱讀的每分鐘平均速度記錄到閱讀進步表中。

這樣，一天的訓練任務就全部完成了，第二天、第三天，請重複這樣的動作。如果感到自己訓練得不是很流暢，請增加時長，可以連續訓練7天。即使你的閱讀速度一點也沒提升，也會透過這樣的閱讀訓練收獲一個好習慣。

第二階段訓練

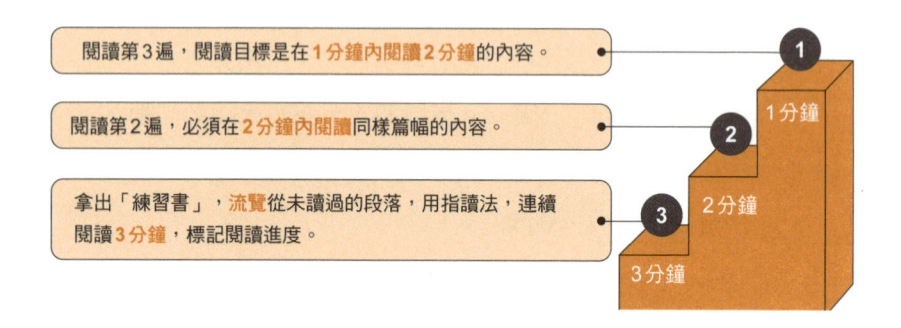

- ① 閱讀第3遍，閱讀目標是在 **1分鐘內閱讀2分鐘**的內容。 — **1分鐘**
- ② 閱讀第2遍，必須在 **2分鐘內閱讀**同樣篇幅的內容。 — **2分鐘**
- ③ 拿出「練習書」，**瀏覽**從未讀過的段落，用指讀法，連續閱讀**3分鐘**，標記閱讀進度。 — **3分鐘**

> **小練習**
>
> 請按上面的方法進行訓練,注意:
> 1. 先定時3分鐘瀏覽材料。
> 2. 用2分鐘再流覽一遍,要求只能多不能少。
> 3. 再用1分鐘流覽一遍2分鐘所讀的內容,只能多不能少。
> 4 無論是3分鐘閱讀,還是2分鐘、1分鐘閱讀,閱讀內容都包含了3分鐘閱讀時的內容,只有超出的內容是不同的。

閱讀訓練時,要始終保持微笑,保持放鬆,避免出現壞心情。要學會調整自己,做到流暢自如地閱讀。

在時間上,每一次的閱讀速度要比上一次有提升,保持閱讀的流暢度,保持在伸展區的學習狀態。一直待在舒適區,不利於我們成長。

好了,看到這裡,趕緊去做訓練吧。建議至少連續訓練3天後,再進行接下來的內容。

第三階段訓練

第三階段相對來說難度是最大的,但也難不倒你,你有

辦法喚醒無限的潛力。

在我們進行第三階段的閱讀訓練之前，請先了解以下內容：

緊張，會影響我們閱讀。不僅如此，緊張會影響我們做一切事情，包括考試。一旦緊張，就無法發揮自己的正常水準。

為了讓這一組訓練做得更好，你需要先放鬆。只要放鬆，這一組你就能很輕鬆地做好。

如何放鬆才能達到高效學習的狀態呢？

科學研究證實，大腦可產生 4 類腦電波：

在緊張狀態下，大腦產生的是 β 波。

當身體放鬆，大腦比較活躍，靈感不斷的時候，大腦產生的是 α 波。當睡意朦朧時，大腦產生的是 θ 波。

進入深睡狀態時，大腦產生的是 δ 波。

可見，**如果我們想身心放鬆、大腦活躍、靈感不斷，就需要產生 α 波**。這個波段出現的時候，人的學習狀態會更好。

精神放鬆，有利於綜合運用快速閱讀的各種技巧。如果大腦緊張，就會出現雜念，心情煩躁。這樣不僅會降低閱讀

速度，還會降低記憶力和思考力。

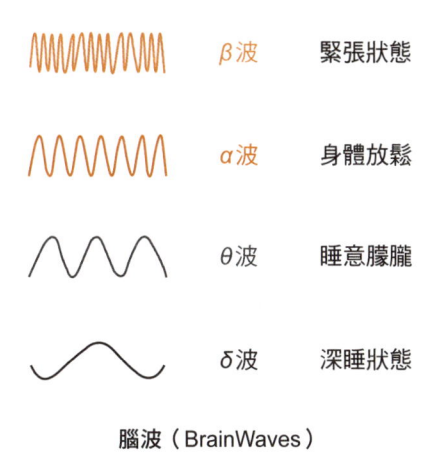

波形	名稱	狀態
〰️〰️〰️	β波	緊張狀態
〰️〰️	α波	身體放鬆
⌒⌒	θ波	睡意朦朧
⌒	δ波	深睡狀態

腦波（BrainWaves）

　　每次閱讀或者安靜不下來的時候，可以藉助音樂或冥想來緩解緊張。先放鬆精神，才能全神貫注地投入閱讀。

　　所以，以後每當你拿起書的時候，請保持微笑，以愉快的心情擁抱閱讀，擁抱未來。

　　前面已經闡述了運動能改善我們的身心狀態。除此之外，這裡再告訴大家 3 個方法：

方法一，心錨，相信內在暗示的力量。

　　當我們在生活中遇到困難時，要給自己一個有力量的暗示。訓練時，一定要暗示自己：這一組的訓練效果一定會比上一組要更好；閱讀遇到困難時，要暗示自己：我能搞定，

沒什麼難的，別人能做到的，我也能。

這些都是自我暗示的心錨力量。

大家在訓練閱讀時，要相信自己一次比一次好，設定數據增長目標，讓每天有可見的進步。

方法二，333 呼吸法。

保持微笑，用 3 秒鐘吸氣，要求吸氣到丹田，丹田在肚臍眼下方一點點的位置。然後屏住呼吸 3 秒。緊接著，運用 3 秒鐘，緩緩地勻速呼氣。在意念上，要想像吸進去的都是美好，呼出去的都是廢氣。

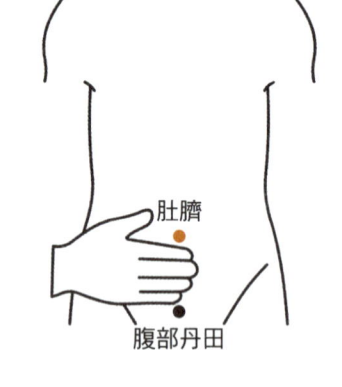

333 呼吸法，能讓人暫時告別負面情緒，或者讓眼前的狀態暫時消失。這個方法適用於每次閱讀或者考試之前，在緊張、炎熱的時候也都適合。

方法三，利用音樂。

音樂的作用實在太強大了。音樂是優美的語言，可以幫助我們提升閱讀速度，逐漸消除默讀，幫助我們提高專注力，增強語義訓練的能力，還可以治癒憂傷。可以說，音樂是引導物中的引導物。

不過，我們要注意**在不同的環節需要不同的音樂，訓練時需要快節奏的音樂，而閱讀時需要舒緩的音樂。**

現在，我們用音樂放鬆的方法開始第三階段的訓練。

選擇一段快節奏的輕鬆的音樂，在播放時可以把音量調高一點，讓眼、腦、手，跟著音樂節奏來進行訓練，看看能否比你之前訓練時更加流暢。流程如下：

第一，定時 3 分鐘，用快速流覽的方式了解訓練材料的內容。

播放音樂，請大家拿起前面的訓練材料，翻到從未閱讀過的地方，快速流覽 3 分鐘。訓練時，手指在每一行的下方快速移動，別緊挨著紙張，不要影響流暢度。姿勢坐直，記住頭別動，只是眼睛跟隨引導物移動。

感覺怎麼樣？

一開始你可能處在興奮中，這個時候大腦接收信號的能力會一點點打開，由此會接受更多的資訊，也能加快我們眼球運動的速度，從而提高我們的閱讀速度。

當你跟著音樂做完，會產生驚喜。做完後將你訓練的數據記錄到閱讀進步表中吧。

第二，定時 2 分鐘，把剛剛 3 分鐘訓練的內容重新閱讀一遍，內容量可以比之前多，但不能少。

訓練時，可以以每 2～3 行文字為一組，引導物可以在每 2～3 行文字左邊點一下，右邊點一下，這樣速度比在每一行下方從左到右移動快多了。以這種方式用引導物引導眼睛在 2 秒內看完 1 頁。

你的引導物可能是在三行紙面上畫了一個小 s，或者是在三行之間走了一個 Z 的形狀。只要專注力保持集中，一頁很快就掃過去了。

身體坐直，記住頭別動，只是眼睛跟著手指移動。這 2 分鐘閱讀的內容量，要超過你之前的所有數據。

第三，1 分鐘訓練。

用引導物引導眼睛，在每頁文字上畫出大 S 形，或者從上到下在每頁正中央寫數字「1」，要求 1 秒之內看完 1 頁內容。記住，這是一個訓練，無須看懂，只需要你的眼睛跟隨手指，專注力高度集中快速向前進行。

此時你要做的是加快翻頁的速度。

第三階段訓練

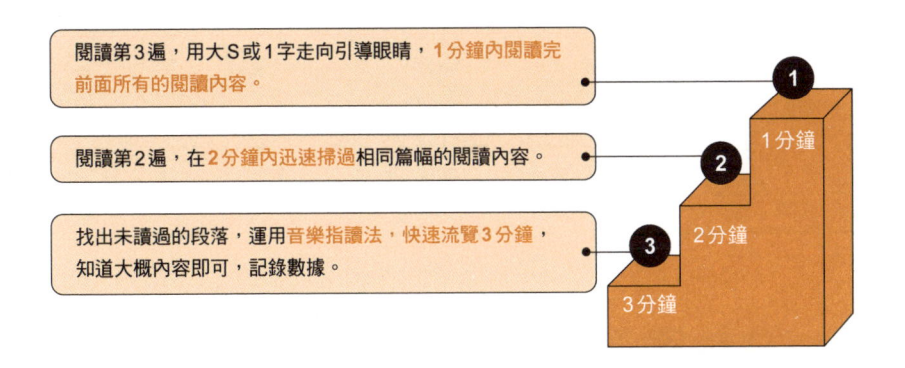

- 閱讀第3遍，用大S或1字走向引導眼睛，**1分鐘內閱讀完前面所有的閱讀內容。** ① 1分鐘
- 閱讀第2遍，在**2分鐘內迅速掃過**相同篇幅的閱讀內容。 ② 2分鐘
- 找出未讀過的段落，運用**音樂指讀法，快速瀏覽3分鐘**，知道大概內容即可，記錄數據。 ③ 3分鐘

由於時間限制，訓練時，引導物無法在每一行的下方移動，也無法在每一行文字下方左邊點一下右邊點一下，直到看完1頁。只能讓大腦發出指令，讓眼睛1秒鐘看完1頁。

此時，引導物引導眼睛可能是在書頁上畫了一個從上到下的「1」字，也可能是一個大Z字。無論如何，1秒鐘要瀏覽完1頁。

姿勢坐直，記住頭別動，只是眼睛在跟著引導物移動。儘管你在一頁紙上畫一個「1」，也要讓眼睛跟著移動，目的是訓練腦部高度集中在引導物的指揮中，進行腦力全開的訓練。

為了便於你理解第三個階段，請看下圖。

321 閱讀法訓練要求

每組之間，縱向越來越快 ↓		第一組	第二組	第三組
	3分鐘	🚀	🚀🚀	🚀🚀🚀
	2分鐘	🚀🚀	🚀🚀🚀	🚀🚀🚀🚀
	1分鐘	🚀🚀🚀	🚀🚀🚀🚀	🚀🚀🚀🚀🚀

3組之間，橫向越來越快 →

再說一遍，請記住，這只是訓練，不是閱讀。不是讓你真的1秒鐘讀完1頁書，但你這樣訓練後，後面在真正閱讀時，就會有驚喜。

提示：

在進行2分鐘和1分鐘訓練時，注意以下幾點：

1. 手不要緊貼書本，增加阻礙，讓引導物流暢自如地在文本的每一行下方一點點的地方移動。手臂可以放在桌上，手腕帶動引導物移動。

2. 在每行字的中間位置移動。例如，一本書每頁每行有33個字，引導物只需要在中間8個字左右的底部位置稍微停留即可，從第一行到最後一行寫「1」字，或者帶動眼睛走大S。

3. 引導物要勻速移動，讓眼睛和大腦都跟上。避免引導物移動時忽快忽慢，因為我們訓練的目的是控制眼

睛。
4. 第三階段的 3 分鐘閱讀是了解文本，這意味著 3 分鐘可以看到更多的內容。此時 2 分鐘和 1 分鐘只是訓練眼睛移動的流暢度與速度，不用去考慮內容。
5. 2 分鐘訓練要求引導眼睛 2 秒鐘過 1 頁，此時引導物帶動眼睛走 S 形狀，也可能是 Z 字形。不管是什麼形狀，只要專注地做到 2 秒完成 1 頁即可。
6. 1 分鐘訓練要求引導眼睛 1 秒鐘過 1 頁，此時引導物可能會出現大 S 形狀，也可能是「1」字形。不論什麼形狀，只要專注地做到 1 秒完成 1 頁即可。

以上就是第三階段的訓練方法，每天訓練 3 組，每天 18 分鐘，連續訓練 5 天。訓練中間休息時，別忘記喝水和運動。訓練中，合理利用音樂，可以讓我們訓練得更流暢。

透過第一階段、第二階段和第三階段的強化訓練，我們無須運用任何儀器，就能挖掘出與生俱來的閱讀能力，掌握快讀閱讀的精髓——伸展時間、超越自我。

以上訓練非常有趣，如果你不去實踐，便無法感受到透過這樣的訓練，你在無形中提升了多少倍閱讀速度，理解力得到了多大的提升。在逐漸掌握並熟練運用這種方法後，你在閱讀時會感到輕鬆和舒暢。

如果你沒有進行過大量閱讀,請從訓練高效閱讀開始吧。

03

瞄準「獵物」
明確目標,準確理解

- 目標閱讀法,讓閱讀有價值
- 提取核心句,讀懂一本書
- 心智圖法,增強閱讀理解力

📖 目標閱讀法,讓閱讀有價值

提到高效閱讀,你會想到什麼呢?

很多人會說,高效閱讀是指讀得多、讀得快、讀得好。但我們不要忘記「多、快、好」的重要前提是理解。沒有理解,「多、快、好」就永遠只是一座「空中樓閣」,換句話說,沒有理解,我們並沒有真正從閱讀中獲得有價值的東西。

有的朋友曾參加過高效閱讀訓練,達成了閱讀速度提升 5 倍以上的目標。但是如果讓他將閱讀內容表達出來,他會發現仍有難度。

我在教高效閱讀的課程時,都會問班上的新學員一個問題:在看完一本書後,你能否有辦法跟家人或朋友分享這本書的內容?

90% 以上的新學員的回答是:做不到。

在閱讀時,很多人總是看到哪就是哪,沒有進行思考。閱讀完之後,腦海中就只剩下一些殘留的記憶,並沒有自己理想中的收穫。

所以,有的朋友會感慨,一本書往往讀完就忘,好像跟

沒讀一樣。

問題究竟出在哪裡？

做個小測試，為了更順利地獲得書中的資訊，你現在有兩個選擇：

1. 逐字逐句去閱讀，最後確保獲得了全部資訊才作罷。
2. 在閱讀前，確定具體目標，然後採用高效閱讀的技巧去閱讀。

你會選擇哪一種方法呢？
當然是第二種，因為閱讀目標越清楚，讀起來越容易。

現在我們做一個小試驗，請你在 10 秒鐘或者更短的時間內，找出下面段落中「秋葉」這個詞一共出現了多少次。

秋葉的美，是一種回歸本原的寧靜，也是一種生命無言的輪迴。從綠到黃或紅，裝點了不同季節，都是一種生命的色彩。

片片秋葉，寫滿了秋天的詩意和哲思。喜歡聽一樹葉子，在秋風中，颯颯作響的聲音。那聲音，是秋的旋律。

　　秋葉的美，宛如夕陽的美。都道是夕陽無限好，只是近黃昏。

　　秋葉，也是一片葉子生命的黃昏。黃昏中，更多的是對往昔的回憶。拾起地上的一片秋葉，涇渭分明的是葉片上的紋絡，絲絲縷縷的又像是生命所經歷的全部路程。每一條都鐫刻著一段曾經的風景，風景中有美好也有失落；每一條都記載著一個不同的故事，故事里有喜悅也有哀愁。

　　相信你在閱讀這一段時，會迅速去尋找「秋葉」在這個短文中出現了多少次，並且能準確地回答出現了 5 次。是不是又快又準！

　　我們只是拿一個文章片段來進行試驗——你的回答是 5 次還是 3 次不重要，重要的是，我們據此知道，**設置一個目標就能立刻讓我們的閱讀速度加快，並且記憶效果更好。**

　　帶著目標閱讀，可以讓我們精準選定閱讀重點，不僅能更高效、更快速地閱讀材料，成功找到需要的資訊，而且會獲得一個意外的收穫——閱讀目標範圍縮小了，閱讀速度也會加快。

這是因為，我們在閱讀文章時為了迅速鎖定目標，會著重關注閱讀目標所指向的內容，對其他內容可以做到了解性地一掠而過。

相反，如果無目標地閱讀，即使你當時閱讀速度很快，理解也能達到 70% 左右的程度，但讓你介紹書的核心內容或者讓你進行一次分享，你也許會感到非常茫然、吃力──因為你沒有閱讀目標。

記住**獵豹閱讀法的精髓：無目標，不閱讀。**

閱讀，與我們的每日飲食有點類似，不僅在於它可以為我們的生命提供養分，而且兩者都需要一個去蕪存菁的過程。

稻穀需要去掉穀殼才能煮成米飯，吃水果要削皮、去核。有捨有得，才能有效地攝取食物的營養，口感才會如你所願。

讀書亦如此。無論是找不到重點，還是認為從頭到尾都是重點，實質其實都一樣──你並不能真正地吸收這本書的營養。

閱讀時必須要樹立目標，抓住重點，提取核心，才能真正產生閱讀價值。具體來說，以下步驟必不可少：

第一步，先定目標再讀書。

不管是閱讀工具書、小說，還是教材，肯定是希望在書中找到對我們有所幫助的內容。這個時候帶著問題去閱讀，很容易找到我們需要的內容，而不是漫無目的地看到哪兒就是哪兒。

第二步，有選擇地閱讀（尋找關鍵詞）。

如果有疑問，可以對照目錄去有選擇地閱讀，一邊尋找自己需要的內容去重點閱讀，一邊提取和記憶關鍵詞。

第三步，對關鍵詞進行加工。

有了記憶的關鍵詞之後，要對關鍵詞進行分類、合併，加工成自己能夠理解的內容。

第四步，用關鍵詞解決自己的問題。

這個時候再結合之前的問題，如果能夠用自己提煉的內容解決問題，那麼這本書的作用基本上就達成了。如果這本書不能解決你的問題，還可以進行相關主題的閱讀。這些內容，本書後面都會講到。

提升閱讀速度，只是獵豹閱讀法學習的一部分，我們在理解和輸出上也能做得更好。

提取核心句,讀懂一本書

中心思想是文章的靈魂,最能體現中心思想的當然是文章中的核心句了。

核心句,就是文章的核心思想句。

一本書由章節組成,章節由段落組成,段落由句子組成,句子由核心詞組成。

一本書,或者一篇文章,都是作者表達某種觀點的載體。我們把作者在書中力圖表達的觀點或者文章圍繞其展開論述的核心,稱為主張。

讓我們翻開手邊的一本書或一篇文章,很顯然你會發現並非書中的每個詞、每個段落都屬於主張。

一本書或者一篇文章的內容編排,通常採取的是「二八原則」,即大約20%的內容闡述的是該書或文章的主張,這是核心,而剩下的80%的內容是為論證該主張所提出的事實、觀點、數據等,是用來說服讀者的。

一個高效的閱讀者會怎麼做呢?

他會迅速找到這20%的內容進行重點閱讀。而這20%的內容,由段落中的核心句組成。對於剩餘的80%的內容,則快速地翻閱而過,這樣就不會浪費太多的時間。

所以，對於高效閱讀者來說，他們不是一成不變地按照一個速度去閱讀，而是採取「變速」的方式去閱讀。

因為哪些地方該快讀、哪些地方該慢讀，完全有規律可循——**對重點、難點的地方要加以重視，對非重點的地方，用前面學過的高效閱讀法一掃而過。**

這樣不僅可以讓大腦和眼睛勞逸結合，而且可以讓注意力得到更好的分配，儲存重點，不在非重點上浪費太多的精力。

掌握了核心句，在閱讀時就知道哪裡是重點，不僅閱讀理解能力可以獲得更好的提升，還能讓閱讀速度再次提高。

譬如，前面提到的關於「秋葉」的短文，我們在閱讀時有著明確的目的性——尋找「秋葉」這個關鍵詞在文章中出現了幾次，就運用了「二八法則」。閱讀目標雖然是那個 20% 的部分，卻無形中把其餘的 80% 的內容也順便了解了，我們的大腦比你想像得要厲害得多！

俗話說，好看的皮囊千篇一律，有趣的靈魂萬中選一。這句話套用在閱讀上，可以理解為唯美華麗的語句很多，其實真正有內涵的語句並不多。所謂有內涵的句子，其實就是文章的核心句。

學習高效閱讀的目標，就是快速找到這類有內涵的句子——核心句，才能更好地理解文章。

我們要明白，所有作者，其目標都是讓別人讀懂自己的主張。作者在闡述自己的主張時，會採用符合人們認知和學習規律的表達方式。

所以，提取核心句是有方法的。

那麼，如何快速提取文章的核心句呢？

第一，從標題中發現核心句。

在做閱讀培訓時，我發現一個有意思的現象：如果一個班同時有新學員和老學員在，幾乎所有新學員在閱讀時都不怎麼關注標題，甚至閱讀結束後問他們文章標題是什麼，他們通常會回答「忘記了」「沒注意」。

沒想到吧？多數人閱讀時是不注意標題的。如此看來，閱讀時無目標，讀完就忘似乎也在情理之內。

實際上，無論是書籍還是文章，標題都是核心內容的高度概括，絕大多數標題都能揭示出書籍或文章的重點和研究主題。

事實性的標題，往往清晰地表達了文章的內容，比如《兒童教育心理學》《教你的孩子如何思考》《宇宙簡史》等。

有些書不僅有主書名，還有副標題。副標題的作用，是

為閱讀提供明顯的線索，揭示文章的內核，並用一句話告訴我們這本書想要解決什麼問題。

比如《上癮》這本書，書名是「上癮」，但讀者看到這個名字時會好奇：是什麼上癮，為什麼上癮？帶著這個疑問，再往下看副標題「讓用戶養成使用習慣的4大產品邏輯」，便恍然大悟。

《只管去做》這本書也有主書名和副標題，只看「只管去做」，還不明白這本書要解決什麼問題，但看完副標題「讓你迅速實現增值的目標管理法」，就能迅速得知目標的指引對人生很重要。

從內容編排上講，一本書的內容主要是為了論證這本書的大小主題。因此，看清書名、搞懂這本書想要解決什麼問題非常關鍵。如果看不懂書名，就看副標題。如果副標題也看不明白，就看序言，序言中會告訴讀者這本書可以解決什麼問題。

當你拿到一本書或打開一篇文章，應當認真去注意標題，並簡單推測一下：

- 這本書的核心可能會是什麼？
- 作者想幫我們解決什麼問題？
- 作者是什麼身分，對於寫這本書是否具有權威性？

第二，根據閱讀材料的類型尋找核心句。

懂了主標題和副標題後，還要去思考一下閱讀材料屬於什麼類型。因為同一類型的閱讀材料，往往遵循相同的寫作規律，有著相似的框架和脈絡。針對不同的閱讀材料，採用不同的閱讀方法，會讓閱讀變得更加輕鬆、高效。

我們平時常接觸的閱讀材料，大致可以歸結為以下3種基本類型：

新聞、文學作品、實用類書籍。

1. 新聞

新聞的寫法基本遵循「5W1H」原則。「5W1H」是新聞的6要素：何時（When）、何地（Where）、何人（Who）、何事（What）、何故（Why）、如何（How），簡稱「5W1H」。簡單來說，就是「某人在某時某地如何做了某事，出現了何種結果」。

高手看一篇新聞報導，只讀主標題、小標題以及導語，就能了解新聞的大概內容。

這是為什麼呢？

因為新聞為了吸引人的注意力，往往是採用倒金字塔結構來寫的，把最重要的資訊放在開頭介紹，何人、何時、何地，發生了什麼，事情的結果是什麼，再寫事情的起因和經過。先說大家最想知道的資訊，後面再按照重要程度逐漸展

開,便於新聞的傳播。

導語就是新聞的開頭,以簡練生動的文字介紹新聞中最重要的資訊,揭示消息的核心。所以,導語的語句往往很精鍊,也最重要。

2. 文學作品

文學作品的種類很豐富,主要包括小說、詩歌、散文、戲劇等。人們最常閱讀的,無疑是小說。

小說以塑造人物形象為中心,透過故事情節敘述和環境描寫反映社會生活。下面,以《紅樓夢》為例,介紹一下提取小說中的核心句的方法。

首先,關注主人翁的出場,注意描述人物最初出場時富有動作性的句子,把握人物關係。

在《紅樓夢》中,曹雪芹是透過賈寶玉的視角來描述林黛玉出場的:

> 兩彎似蹙非蹙罥煙眉,一雙似喜非喜含情目。態生兩靨之愁,嬌襲一身之病。淚光點點,嬌喘微微。閒靜時如姣花照水,行動處似弱柳扶風。心較比干多一竅,病如西子勝三分。

整個《紅樓夢》,林黛玉所有的事情都與這段話有關,

生動地刻畫出林黛玉的美麗聰慧、多愁善感、體弱多病以及多情的內心世界，從而塑造了林黛玉這個人物的形象。

所以說，這段話就屬於《紅樓夢》中的核心句。

其次，尋找展現主人翁性格的關鍵細節，以及影響故事情節走向的轉捩點。

核心句通常涉及重要的細節描寫或轉捩點，要注意那些描述人物情感、環境變化或情節發展的句子。《紅樓夢》對「黛玉葬花」有大段的細節描寫，其中「質本潔來還潔去，強於污淖陷渠溝」，突出林黛玉的人物性格，同時也是對林黛玉個人命運所做的伏筆鋪陳。

最後，注意小說主人翁的退場。

在文學作品中，主人翁的結局最能展現作者的意圖和觀點，也是評價文學作品價值的核心。

《紅樓夢》中對黛玉之死的淒涼描寫，表現出了封建社會的殘酷無情，以及人性的弱點和局限性。

當然，小說的情況比較複雜，篇幅有限，這裡無法展開闡述這一問題。

3. 實用類書籍

實用類書籍，顧名思義是指具有實用價值的書籍，可以

給讀者帶來實際幫助和指導，引領讀者在生活中更好、更快地成長和進步。

實用類書籍包羅萬象，內容涵蓋面廣，如職場提升、學習技巧、人際溝通、創業創新、金融理財等。

實用類書籍常用到的黃金結構是：
- 能夠解決什麼問題
- 如何解決問題
- 證據支撐

對於實用類書籍，快速提取其核心句的方法是：
首先，尋找書或文章想要解決什麼問題。

只有找到作者想要解決什麼問題，才能判斷這是不是自己想讀的書，有沒有必要繼續閱讀，是否能解決你的問題。一般來說，這部分內容占比很低，約占一本書的3%左右，卻很關鍵。

這部分內容往往在書的封面、封底、目錄、序言中就能找到。

其次，重點注意作者是如何解決這個問題的。

作者既然提出了要解決的問題，那麼一定會提出解決問題的具體方案。實用類書籍就是為了解決問題，我們在閱讀

時，要鎖定目標，直接尋找能體現作者解決方案的核心句。這部分內容占一本書的 17% 左右。

以上兩部分，展現了作者的主張，是閱讀的重點。而我們閱讀的目標，就是找到能展現作者主張的核心句。

最後，有針對性地去看作者是如何論證自己的觀點或解決方案的。

作者為了證明自己提出的解決方案的可信度，需要提供引證、圖示、案例、數據支援等，這部分內容大約占一本書 80% 左右。

一本書或一篇文章，其重點往往是一段結論、一句總結、一個方法、一個故事。其他大部分內容，都是非重點，只是為了論證重點內容而存在的，是對重點內容的說明、論證、鋪墊和推演。

對於非重點內容，不用花太多精力，記住重要的支撐即可。

記住，對於實用類書籍，我們閱讀的目標是獲得能在實際生活中應用的內容，思考類似問題是怎麼解決的，所以不要在無關緊要的細枝末節上浪費時間。

第三，從作者的角度去閱讀，捕捉文章的核心。
1. 關注首段、尾段

閱讀時，你的注意力可以集中在首段和尾段，注意分清主要段落和次要段落。

一般來說，文章的開頭兩段都很重要，會介紹文章大意和寫作主旨。閱讀文章開頭的第一二段時，要力求抓住文章大意、背景情況和寫作主旨。同時，在第一二段中，文章的風格、口吻或語氣等也會有所展現。

無論作者的語氣是輕鬆愉快的，還是尖銳諷刺的，作者的態度是肯定支援的，還是懷疑否定的，都會對你理解整篇文章有很大的幫助。所以，要把重點放在這部分。

在閱讀這部分內容時，可以稍微慢一點，讀懂後，再去流覽其他內容。

2. 了解段落大意

當我們知道一篇文章的主旨是什麼後，就要練習找到段落的主題句了，也就是中心句。

段落中的句子一般都和某一個主題有關，但中心句一般都是概括性很強的句子。一般情況下，每一段的第一句話就是中心句。如果第一句是過渡句，我們就需要看第二句或者最後一句。有些作者會在段落的最後一句總結自己的觀點。

事實上，95% 的段落主題句都在第一句，這也是為什麼第一句通常被稱為主題句或中心句。但也有一些文章在第一句和最後一句都簡明扼要地說出了段落的核心點，你可以

用自己的語言來總結概括主題句。

學會閱讀每段的第一句和最後一句，是了解文章主旨大意的好方法。這個方法也是許多高效閱讀高手採用的方法，因為找到了主題句，幾乎就能推測出整個段落的內容。

很多閱讀高手看書的樂趣其實不在看書本身，而在於一本書拿到手，他們可以根據書名預判出書的內容，在看書時，他們是在做檢驗工作，來體驗自己分析成功的痛快感。

3. 關注關聯詞

在閱讀時，我們可以藉助關聯詞，譬如「總之」「一句話」「因此」「實質上」「綜上所述」等提示性語言，去判斷這些詞的後面都是要內容或者中心句。

這是因為，作者用了較大的篇幅去闡述某一問題後，往往要小結一下，這時就常有提示性語言出現。有的詞語會反覆出現，也是重點。

關聯詞使文章的句子、段落形成一個有機的整體，服務一個主題，表明開啟、轉折、延伸、因果等邏輯關係。

關聯詞會幫助你弄清文章的語言層次，明晰句段之間的邏輯關係，從而讓你快速準確地了解文章的中心思想和作者的寫作意圖。

4. 歸納概括

有的文章或段落中並沒有明確的中心句，就需要我們自己去概括，用我們自己的話總結出來。

為了在閱讀時能更好地把握文章主旨和中心句，我們來做一下訓練，看看每段文字的中心句在哪裡。

（1）中國古典詩詞，穿越時代而仍然有著浸潤心靈、啟迪人心的力量。擁有強大內心的獨臂女孩張超凡，人生處處是詩意的修車大爺王海軍，「千磨萬擊還堅勁」的抗癌農民白茹雲，自信返場的北大工科博士陳更，橫跨漢字聽寫大會、成語大會和詩詞大會的全才彭敏，擁有古典氣質的奪冠才女武亦姝……100餘位詩詞大會的選手都是普通人，是詩歌讓他們在或浮躁紛擾、或艱難困苦的環境中仍能保持一份恬淡、寧靜，也讓觀眾感悟到古典詩詞滋養的詩意人生，在春風化雨、潤物無聲中，汲取我們民族生生不息、發展壯大的豐厚滋養。（中心句在第一句）

（2）人們常常把人與自然對立起來，宣稱要征服自然。殊不知在大自然面前，人類永遠只是一個天真幼稚的孩童，只是大自然機體上普通的一部分，正像一株小草只是她的普通一部分一樣。如果

說自然的智慧是大海，那麼，人類的智慧就只是大海中的一個小水滴，雖然這個水滴也映照著大海，但畢竟不是大海。可是，人們竟然不自量力地宣稱要用滴水來代替大海。（中心句在第二句）

（3）如何讓傳統文化與現代生活對接？《中國詩詞大會》也給了我們有益啟示。在詩詞大會中，競猜、「飛花令」等對抗性活動的安排，增加了節目懸念；超大演播室、水舞臺、大螢幕意境展示等全新舞美設計，增加了節目觀賞性；手機搖一搖等新媒體互動、多屏傳播等技術手段應用大大提升了節目的趣味性和參與性。詩歌與傳媒、文化與科技的有機結合，為傳統文化搭起了一個最大的、最接地氣兒的課堂。（中心句在結尾）

為什麼有的人不能順利找到一本書的核心呢？我想主要有兩個方面的原因：

第一，沒有完整的知識體系，邏輯思維、分析推理能力比較弱。

第二，不了解作者寫作的基本結構。

對於第一點，可能需要很長時間去累積，羅馬城不是一天就能建成的，知識體系的構建需要較長時間的學習和刻意訓練。學過獵豹閱讀法的同學在這方面就會比較有優勢，他們每年最少可以閱讀 100 本書籍。讀書快、讀書多的同學顯然可以更快地建立知識體系。

對於閱讀內容，我建議大家先去讀與自己人生願景、與工作相關的書籍，根據個人知識背景和需求選擇相對容易一點的書籍，有意識地花一些時間進行閱讀訓練，透過高效閱讀先形成量的累積，這樣能在更短的時間內達成知識體系的突破。

對於第二點，學習本章內容就能搞定。即便你是沒有閱讀基礎的人，也能透過本章內容的學習快速地找到一本書的核心內容。

能發現並提煉出核心點，是讀懂一本書的標誌。

📖 心智圖法，增強閱讀理解力

前面我們介紹了如何快速、準確地理解各種文本，如何找到核心句，提升文本閱讀時抓取重點的能力，從而逐漸提高自己的閱讀理解能力。

現在，當看到一段包含以下內容的文字時：
- 核心句
- 證明核心句觀點的數據、案例等文字

我們就會知道，閱讀時應該重點注意第一項核心句，對第二項證明核心句觀點的數據、案例等文字可以快速瀏覽。

來看下面這張圖片：

擴句法—樹葉

加量詞：<u>一片</u>樹葉
加顏色：一片<u>綠色的</u>樹葉
加形狀：一片綠色的<u>扇形</u>樹葉
加地點：一片綠色的扇形樹葉，<u>躺在地上</u>
加形容詞或副詞：一片綠色的扇形樹葉，<u>懶洋洋地</u>躺在地上
加時間：<u>清晨，暖洋洋的陽光下</u>一片綠色的扇形樹葉，懶洋洋地躺在地上
加嗅覺：清晨，暖洋洋的陽光下一片綠色的扇形樹葉，懶洋洋地躺在地上，<u>散發著一股淡淡的清香</u>
加動態：清晨，暖洋洋的陽光下一片綠色的扇形樹葉，懶洋洋地躺在地上，散發著一股淡淡的清香，<u>引來了一隻好奇的蝴蝶圍著它翩翩起舞</u>

你發現了什麼？

一個名詞——樹葉，在逐步增加量詞、顏色、形狀、地點、時間、五感、動態詞彙後，竟然變成一篇生動的短文，這是不是很神奇！

上圖中所舉例的內容，運用的是發散思維擴句法。我們可以看到，整篇文章的核心點只有兩個字——樹葉，但卻可以透過創造變得花枝招展。

如果掌握這種方法，即使連造句都困難的孩子，也能寫出優美的句子，寫作有困難的孩子，也能寫出生動的文章。

當然，只學會發散思維擴句法，不代表就一定能寫出優秀的文章，但要想成為高效閱讀者，就必須明白寫作的套路——**一篇文章、一段文字，核心點往往只有一個，作者所做的不過是圍繞核心點不停地擴充、修飾**，但這些擴充、修飾工作都是為了核心點服務的。

所以，我們在讀書時，要善於抓核心、抓本質，體會作者的心思，明白作者要解決的問題，並練習精準提取的能力。

主動思考，是學習中很難做到的事情。善於找到核心，精準有效地提取核心點，是將被動學習變成主動思考的關鍵。

那有沒有一個工具，能幫助我們達成主動學習，學習者既能精準提取核心，又能分享給別人，還能讓別人看得見自

03 瞄準「獵物」
明確目標，準確理解

己的思維過程與結果呢？

有，那就是心智圖。

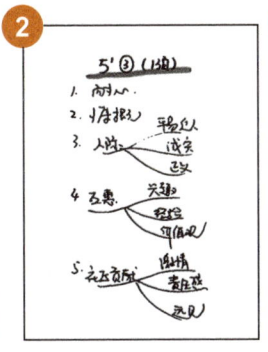

下面 3 張圖，你最想先看哪張圖？

我猜大家都喜歡看第三張圖，清晰、明瞭、有顏色、有圖示。第二張圖雖然也比較清晰，但由於顏色少，大腦對它的興趣適中。但和第一張相比，大腦會更樂意看第二張圖。

遠古時期人類就運用圖形來記錄資訊，洞穴中的壁畫就是證明。而後，人類逐漸發明了文字，並將思考模式、因果關係、邏輯結構以圖文方式進行有效傳遞。

心智圖是一種類比大腦思維方式的工具，是思維的地圖，對應的英文叫 Mind Map——Map of Your Mind，即呈現

出大腦思考內容的可視化圖形。

心智圖雛形可追溯到西元 3 世紀的波菲利之樹,波菲利之樹展示了生物的分類、分級。

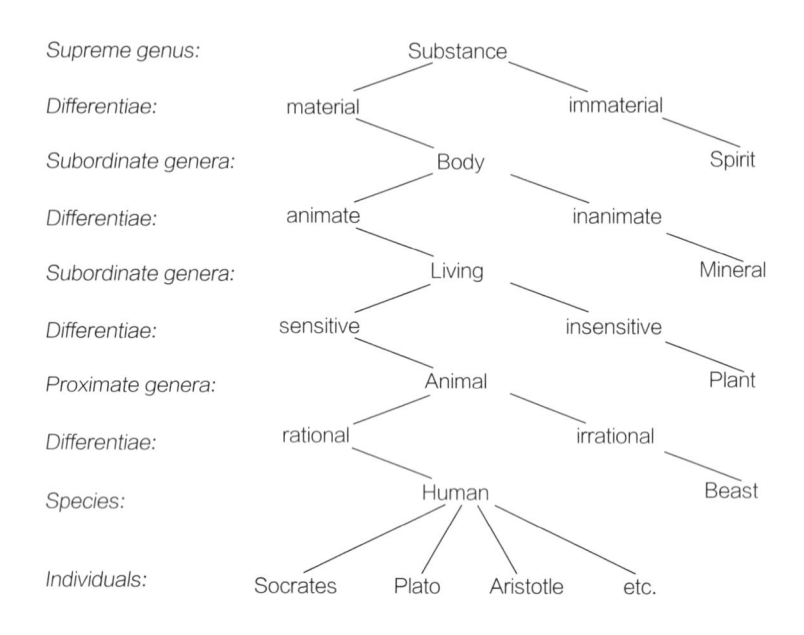

Supreme genus:		Substance	
Differentiae:	material		immaterial
Subordinate genera:		Body	Spirit
Differentiae:	animate		inanimate
Subordinate genera:		Living	Mineral
Differentiae:	sensitive		insensitive
Proximate genera:		Animal	Plant
Differentiae:	rational		irrational
Species:		Human	Beast
Individuals:	Socrates Plato Aristotle etc.		

下圖是達爾文繪製的生命之樹,當時他開始感覺物種之間可能存在進化關係。這幅圖可能是目前為止繪製的最重要的心智圖,雖然可能會有些爭議,不能確定它是否跟其他心智圖屬於同一類型。

03 瞄準「獵物」
明確目標，準確理解

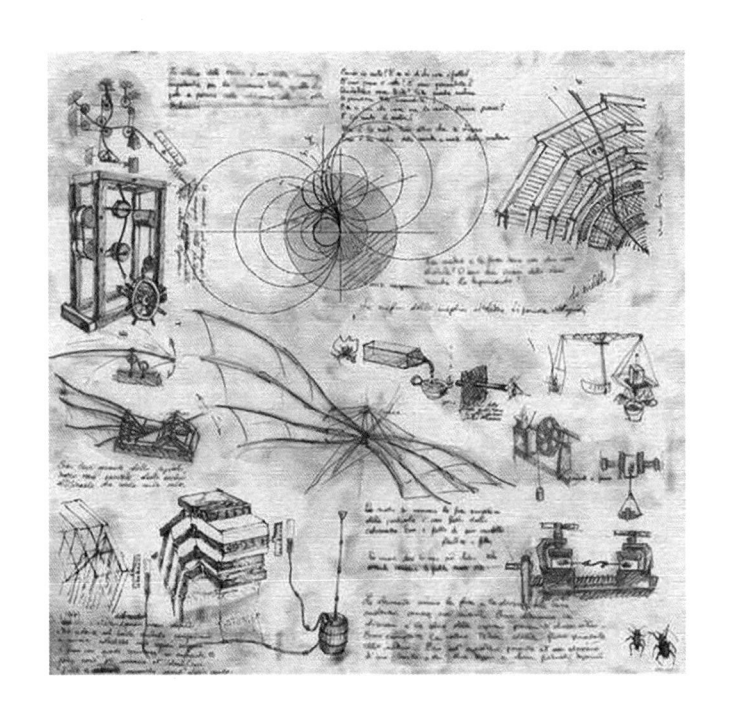

　　1974年，東尼・博贊（Tony Buzan）在他主持的BBC TV劇《使用你的大腦》（*Use Your Head*）節目中第一次介紹了「心智圖」這個概念。既然在電視節目中介紹「心智圖」就表示東尼・博贊對此已經研究了一段時間，並且有一定的知名度了。

　　人類一直以放射狀發散性思維在思考，經過上千年的演化累積，最後由東尼・博贊發明了心智圖這一工具，幫助我們用更高效的方式去思考。

143

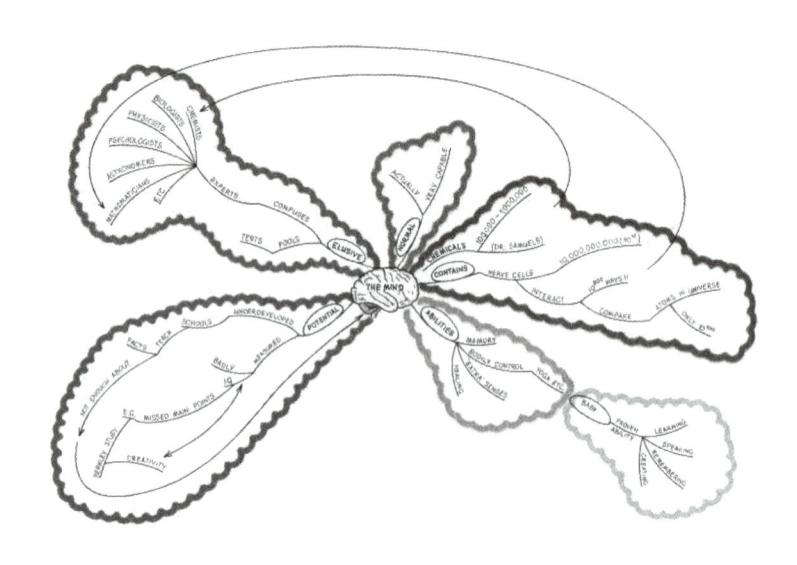

東尼・博贊第一次在節目中展示的圖片

　　心智圖可以幫助我們釐清思路、發散思考，並將大腦的思維發生過程與結果以結構化的方式呈現出來，讓每個重點清晰可見，從而快速有效地解決閱讀理解問題。

　　心智圖被稱為思維領域的瑞士軍刀，是劍橋大學、牛津大學、哈佛大學等世界名校的必修課。微軟、迪士尼、通用電器等世界500強企業都在推進員工學習心智圖。現在，中國的大、中、小學校的老師和同學們，也在使用心智圖工具。

你一定見過冰箱使用說明書或者電視使用說明書,但是你見過大腦的使用說明書嗎?

心智圖就是大腦的使用說明書。

我們的一切行為都是經由大腦思考之後的反應,但你知道我們的大腦是按照怎樣的方式進行思考的嗎?

舉個例子:

> 馬上要到國慶長假了,你想到終於可以休息了,感受愉悅心情的同時,大腦已經又在飛速運轉,一邊思考著要不要和朋友聚一下,一邊思考著是回家看望父母,還是整理家務⋯⋯

是的,這就是我們大腦的思維方式。它並不是像一條線一樣的單一思維,也不是結構化地出現,而是由節點發展出來,是網狀、發散性的。給它一個觸點,它就會向四周發散出很多和這個觸點相關的內容。

正如大樹,從一根主幹向四周發散生長出許多枝幹,又從枝幹長出再細一點的枝幹,甚至樹葉的紋理都是這樣生長的。

大腦就是像這樣進行思維發散的。所以我們才會經常出現想法很多、可就是抓不住的感覺。

我們在學習和工作中遇到的各種各樣的問題,譬如閱讀

時無重點，聽課時缺乏專注力，工作時效率低下、邏輯思維差、不能清晰地看到核心點等，事實上並不是因為能力差，而是因為缺乏好的學習工具和思維模式。

運用心智圖，可以把大腦內部的節點與發散性思考呈現在紙上，讓我們清晰直觀地看見思考的路徑，並將其化繁為簡，以結構化呈現。

心智圖一邊調度左右腦，一邊運用圖像、文字的形式，用柔和的弧線將發散性的想法有結構地相連，能夠及時捕捉我們每一個一閃而過的靈感，並藉助顏色、圖像、符號、代碼，增強趣味性、聯想力和記憶力。

心智圖可以鍛鍊我們的發散思維、收斂思維和結構化思維，實現在各個場景中的應用，幫助我們有效地解決問題。

一、發散思維

發散思維的方向，是由中心向四面八方展開的，它能幫助我們打破常規，不拘一格，多方展開，不斷求新。

譬如一本書中，作者圍繞文章的核心問題，運用圖解、

舉例、數據等方式展開論述，運用的就是發散思維。

下圖是對「思、維、導、圖」4個字展開的聯想，展現的就是發散思維。

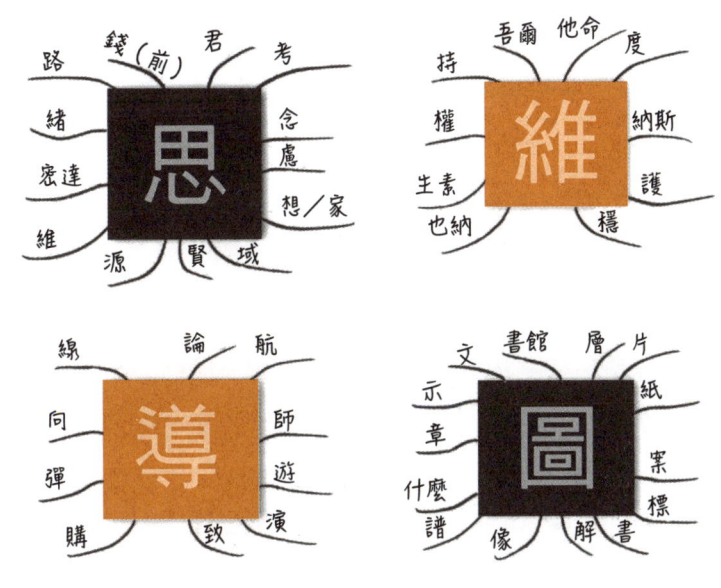

對「思」「維」「導」「圖」展開聯想

二、收斂思維

收斂思維強調歸一、論證、求實。但收斂思維並非保守，而是向各個領域敞開後，再將資訊、知識、方案集中起來，從中找到更符合客觀實際的答案。收斂思維的方向，是從四面八方向中心靠攏。

每個段落都有核心句，當我們找不到明確的核心句時，為了更順暢地理解和表達，就需要自己進行高度概括，這時運用的就是收斂思維。

一本書，激勵作者思維發散，
一張圖，讀者收斂千言萬語。

三、結構化思維

心智圖是有結構的，它像一面大網一樣把心智圖中看似分散的點，也就是關鍵詞，連成線、形成面。釐清關鍵詞之間的邏輯架構，找出它們之間的內在關聯，才能織成心智圖這張大網。

獵豹閱讀法認為，讀完一本書不算高效閱讀，還要運用心智圖進行結構化輸出，化繁為簡，以簡馭繁，形成體系清晰的梳理能力、聯結 知識的創新能力、系統有序的結構化能力。

在閱讀中，結構化輸出有多種方式：

對於實用類書籍，可以透過了解目錄看到作者的邏輯線，也可以打破作者設定的先後順序，重新梳理出自己的邏

輯結構。

對於文學作品，可以透過情節結構化呈現，包括開端、發展、高潮、結局 4 部分。如果長篇小說人物眾多，先釐清人物關係，對閱讀理解很有幫助。比如按「細節刻畫塑造人物，典型事件改變人物，前後對比深化人物」這個思路釐清人物關係後，整個小說的框架構思就清晰地呈現出來了。

在閱讀中，藉助心智圖進行結構化呈現，思維能力和理解能力會顯著提升。同時，與寫作進行有機結合，還會提升寫作能力。

學習心智圖，必須要了解並掌握心智圖的 6 大要素和 4 種邏輯關係。

一、心智圖 6 大要素

心智圖的 6 大要素包括：中心主題、枝幹線條、關鍵詞、圖像、顏色和結構。簡化記憶為：**心、線、詞、圖、色、構。**

為了方便大家理解，我們可以把一幅心智圖比喻成一棵大樹：

- 中間的樹幹就是心智圖的中心主題，也就是中心圖。
- 沿著樹幹會長出許多由粗到細的大樹枝，就是心智圖的大綱主幹。
- 每一個大樹枝又會長出許多中樹枝、小樹枝，這就是心智圖的分支。
- 每個樹枝上的樹葉就好比是心智圖的關鍵詞；樹葉長在樹枝上，也就是關鍵詞畫在線條上。

- 樹上開出鮮豔的花朵，花朵就代表顏色。
- 樹上結出的豐碩果實，就是關鍵的圖像。

最後我們再來鳥瞰這棵大樹，整體是呈放射狀的，體現的是放射性思考的心智圖結構。

這樣，我們就能透過這棵大樹來回憶起心智圖的核心 6 要素了，下面我們進行一一說明。

1. 心──中心主題

（1）中心主題，即整個心智圖的製作主題。中心主題詞一定要選擇精準，充分代表這個心智圖的中心思想。

（2）一個心智圖只有一個中心主題，放在紙的中心位置，紙張橫放。

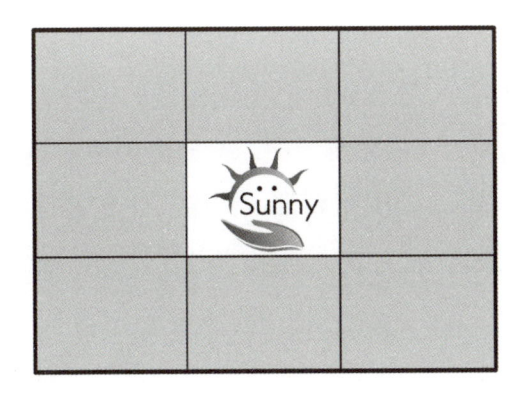

（3）中心主題的文字要適當大一些。

（4）中心主題最好使用 3 種以上的顏色來繪製，以取悅喜歡顏色的大腦，便於記憶。

只有圖像
主題不明

只有文字
資訊單一

圖文並茂
主題明確，資訊多元

（5）繪製時，不要考慮是否畫得好不好，只要你認為能夠幫助你記住就好。

2. 線──枝幹線條

（1）枝幹，分為與中心主題相連的主幹（一級分支）和與主幹相連的二級分支、與二級分支相連的三級分支……

（2）主幹必須由粗到細，與中心主題連接的地方粗，然後逐漸變細。除主分支有粗細之分外，其他分支粗細一樣。

03 瞄準「獵物」
明確目標，準確理解

（3）分支盡量使用弧線形狀，大腦更喜歡這樣的形狀。支與支之間要緊密連接，不能斷開。在繪製線條時，避免繪製垂直的線條，以便書寫關鍵詞，也便於閱讀與複習。

（4）一個類別使用一個顏色，更符合大腦對顏色的識別習慣，記憶時不容易混淆。

（5）繪製時從1點鐘的位置開始畫第一個主幹，猶如鐘錶的行走方向，順時針繪製內容。為了便於未學過心智圖

153

的人士閱讀，最好在枝幹上標明序號，同時序號也能輔助記憶。

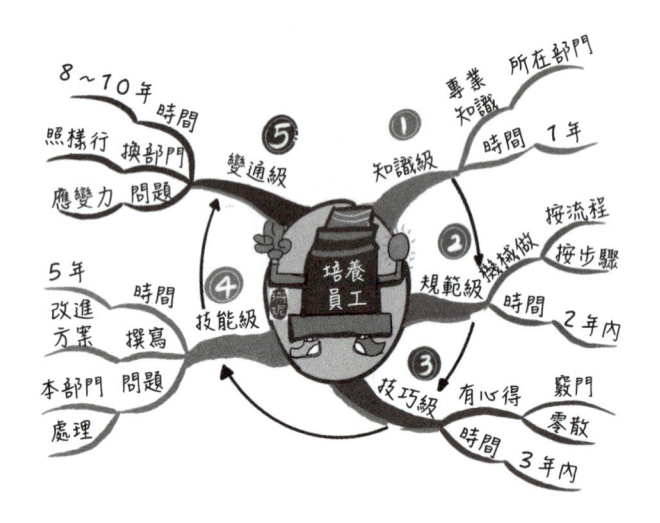

3. 詞——關鍵詞

　　枝幹上的詞叫作關鍵詞，是概括性較強的詞。關鍵詞分記憶性關鍵詞和創意性關鍵詞。

　　記憶性關鍵詞：容易產生圖像聯想、形象鮮明的名詞，動作感較強的動詞，比如電視機、高樓大廈、爆炸等。

　　創意性關鍵詞：概念籠統、難以產生圖像聯想的詞，比如滲出、美麗、奇怪等詞。

　　（1）**關鍵詞長短**。盡量使用簡短、精煉的詞，一般使用名詞、動詞，盡量控制在 4 個字以內，便於思考和轉化。無法拆分的詞可加圖文框來呈現。不要使用長片語和長句

子。

（2）關鍵詞顏色。與枝幹的顏色一致，或者全部用黑色，便於識別。

（3）關鍵詞書寫。關鍵詞要在線條的上方橫向填寫，不壓線，不寫在線條下方和末端。主枝幹上的關鍵詞大，分支線條上的關鍵詞小。書寫要工整，別忘記提取出來的要是關鍵。

（4）關鍵詞可以用圖形來表示。全圖心智圖往往用來呈現節日慶典、詩詞記憶等，但如果供他人閱讀，最好用文字對心智圖內容做補充說明。心智圖如果沒有文字，只有繪製的人才知道圖形表達的是什麼意思，僅供自己閱讀可以不用補充說明。

（5）關鍵詞提煉。關鍵詞是知識在大腦裡加工（知識內化）後輸出的產物，知識在大腦里加工就是記憶的開始。在閱讀後輸出心智圖時，需自己去畫才能達到高效學習的效果。使用他人繪製的心智圖來學習，效果一般，因為每個人提煉關鍵詞的視角不一樣。

4. 圖——圖像

在繪製心智圖時，可以使用圖像補充說明關鍵詞或者某個重要的概念。圖像記憶法與心智圖是非常完美的結合，「心智圖＋快速記憶」，讓天下沒有難讀的書。

心智圖中的圖像分為插圖、聯想記憶圖和文字轉換圖。

插圖：主要用於娛樂性閱讀、強化記憶。

聯想記憶圖：在重要的知識點處畫圖，與需要記憶的知識點進行關聯，大腦透過這些圖進行聯想記憶。圖不要求畫得準確，只要能夠幫助自己記憶就可以，奇形怪狀的圖更容易輔助記憶。我們可以回想一下，是不是越特別的越吸引眼球，並深深地印在大腦中。

文字轉換圖：是指將一些抽象的詞，重要的定理、定義、公式等，自由組合想像出圖像。一般使用生活中讓我們印象深刻、難以忘記的食物、玩具、喜愛的用品等進行記憶和聯想。

5. 色──顏色

人對於顏色的敏感度要比文字更強，顏色可以給人帶來樂趣，同時帶來感官刺激，讓人印象深刻。在心智圖中，人們通常會應用 8 種顏色，黑色是基礎色，也就是勾線色。

（1）在閱讀時繪製心智圖的目的，是幫助記憶、建立系統知識框架，所以在條件允許的情況下，一定要使用顏色，顏色能夠使大腦興奮，更有助於記憶。

（2）一個大分類使用一種顏色，中心圖盡量使用 3 種以上的顏色。

（3）重點知識，不使用圖示時，也可以用你最喜歡的色彩標記。

（4）心智圖的顏色不要過於豐富，眼花繚亂會引起大腦反感，影響記憶效果。

6. 構──結構

心智圖的結構，指心智圖的外部結構布局和內部邏輯結構。

（1）心智圖的外部結構布局表現在繪製技巧上。布局是指圖要盡量對稱，讓視覺舒適。線條之間保持均等距離，文字之間保持均等距離，圖示大小盡量一致，內容上左右布局保持平衡。大腦喜歡放鬆，也容易接受對稱美，容易接受就有助於記憶。

（2）心智圖的內部邏輯結構，是指內部主幹的邏輯分類與分支上的關鍵詞的邏輯關係。主分支必須與中心主題緊密相扣，排列的邏輯順序必須正確。在詞性呈現上，表現為同層級、同屬性、同詞性。

二、心智圖結構中的 4 種邏輯關係

結構是心智圖的 6 大要素之一。

結構,我們可以定義為事物的各個組成部分之間的有序搭配或排列。結構都在其特定的位置發揮著重要乃至決定性的作用。萬事萬物都是有結構的,大到宇宙,小到原子,包括物質的、非物質的,都有其自身的結構。

心智圖也是有結構的,它像一面大網一樣把心智圖中的關鍵詞連成線、形成面。釐清關鍵詞之間的邏輯架構,找出它們之間的內在關聯,才能織起心智圖這張大網。

心智圖的結構中有 4 種邏輯關係,分別是:**總分關係、並列關係、遞進關係和因果關係。**

下面舉例說明這 4 種關係在心智圖中的運用。

1. 總分關係

總分關係用心智圖表示如下圖所示,大綱主幹(A)是總述,下面並列的二級分支(A1、A2、A3)是分述。

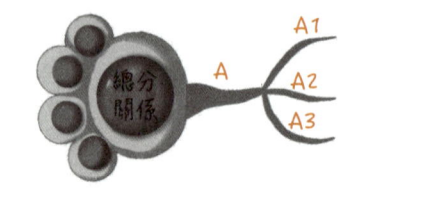

2. 並列關係

並列關係用心智圖表示如下圖所示，二級分支 A1、A2、A3、A4 都在同一個層級上，它們之間為並列關係。

3. 遞進關係

遞進關係的線條如下圖所示，A、B、C、D 層遞進，其中 A、B、C、D4 者的重要程度是：A>B>C>D。

4. 因果關係

因果關係總的來說，就是問題→原因→對策→做法。因果關係一般應用在問題分析上：

- 第一層級代表問題。

- 第二層級代表造成該問題的原因。
- 第三層級代表各種對策和解決方案。
- 第四層級代表該方案所涉及的具體做法,也就是行動步驟。

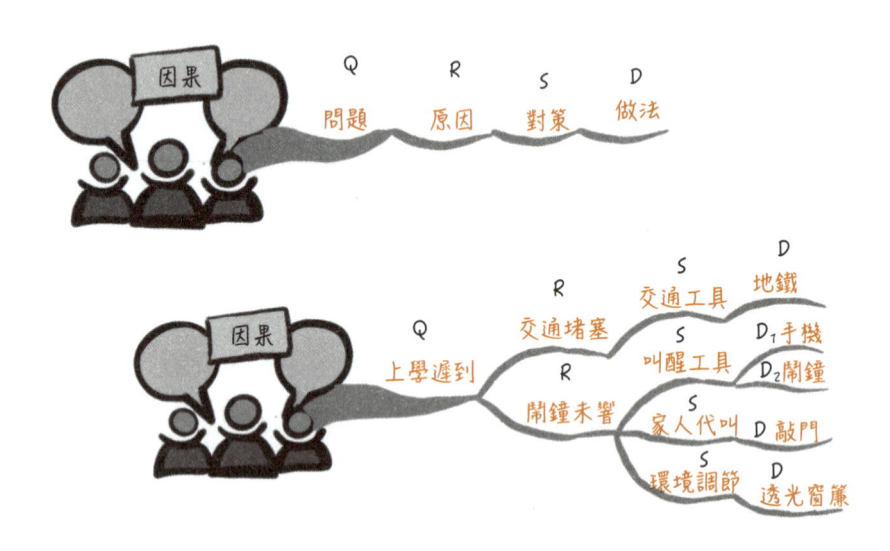

```
因果    Q      R      S      D
       問題   原因   對策   做法
```

```
              R    交通堵塞    S  交通工具   D  地鐵
因果    Q                                    D₁ 手機
       上學遲到                 S  叫醒工具   D₂ 鬧鐘
              R    鬧鐘未響    S  家人代叫   D  敲門
                               S  環境調節   D  透光窗簾
```

日常工作中,我們可以利用心智圖來引導我們思考,幫助我們制訂出解決方案。

下面將詳細介紹如何繪製心智圖。

「工欲善其事,必先利其器。」在正式進行心智圖學習

之前，可以準備一套繪圖工具，包括筆和紙張。

我將多年來自己繪圖所用的工具，推薦給大家參考：

筆

一套柔繪筆：可以選擇 12 種顏色的，用於畫線條和寫字。

一套馬克筆：用於畫圖與畫線條時填充顏色。

一支百樂彩鉛筆：基礎心智圖學習者可以在畫圖前用它勾勒圖形輪廓。這款筆跟鉛筆相似，但後期上色時，百樂彩鉛筆的線條顏色會消失，因此無須使用橡皮擦，不會讓圖看起來很髒。

紙

可以買一個馬克本，馬克本的好處是顏色不容易暈染，多幅作品可放置在一起。

也可以買普通的 A4 紙或者加厚的 A4 紙、A3 紙，加厚的紙張填充顏色時不容易暈染。

零散的 A4 紙和 A3 紙不便於收納，但便於將同類內容進行分類，可以用打孔機解決收納問題。

當你準備好工具，了解了前面所講的心智圖要領之後，就可以按照以下流程來學習繪製閱讀心智圖了。

一、繪製中心圖

1. 中心圖位置

在紙張的正中心。

如果你不知道紙張最中心在哪個位置,可以將紙摺疊成九宮格,折一次以後就知道中心位置在哪裡了。或者在紙上畫一個對角線,交叉點就是紙的中心位置。

2. 中心圖大小

占紙張面積的 1/9 至 1/12 之間。

如果是 A4 紙,中心圖約為雞蛋大小;如果是 A3 紙,中心圖約為成年人拳頭大小。

3. 中心圖顏色

原則上使用 3 種以上顏色,一般用紅、黃、藍 3 種顏色,會更加醒目。

4. 中心圖寓意

要求寓意貼切,與主題相關。中心圖有 4 種畫法:

第一種,也是最簡單的方法,是在主題文字週邊畫一個圓──如果你不需要加深記憶或者吸引受眾眼球,可以這樣操作。

第二種，可以進行圖文轉換。主題是什麼，就畫什麼，圖與主題文字相關就好，也可以是主題文字的翻譯。比如主題是日計畫，可以畫個日曆，也可以畫鐘錶，來代表時間；主題是蘋果，可以畫個蘋果。

第三種，可以使用隱喻圖，用隱喻來表達主題，譬如用玫瑰代表愛情等。這需要有高度概括能力，需要有一定的知識累積。

第四種，如果你希望中心圖有特色，能吸引眼球，那麼需要合理利用馮雷斯托夫（Von Restorff Effect）效應，在繪製上進行創新。

當然，如果你去參加心智圖方面的比賽，我建議是盡量不用隱喻或馮雷斯托夫效應的設計，因為你不知道你會遇見什麼風格的裁判來閱讀你的參賽作品，也避免因為你的功力

不夠而弄巧成拙。

建議在畫中心圖前進行設計，在圖形中留出寫主題文字的地方。在留出來的地方塗淡一點的顏色，文字寫在上面會更醒目。

二、畫支幹線條

1. 先畫主幹

主幹線條與中心圖緊密相連，圍繞中心圖向外擴散。主幹線條比較粗，形狀如牛角。

主幹最粗，因為主幹上承載的是重要的關鍵詞，就像樹幹一樣，越粗的地方，越能承載更多的分支和葉子。

2. 再畫分支

分支線條緊密連接主幹或上一級分支，形狀如躺著的括弧，可以將關鍵詞抱在懷中。

無論是主幹線條，還是分支線條，其主要作用有三：

（1）承載思維。把腦海中所想的用關鍵詞表達出來，寫在線條上。

（2）分類。不同顏色的線條可以呈現不同類別的內容；分支的形狀可以給不同類別的內容建立環抱圍牆，透過

線條就可以達成清晰明瞭的分類。

（3）**表示跨界關係**。分類之間有關聯，可以用箭頭指向。對於研究某領域的心智圖，箭頭還分為虛箭頭、實箭頭和雙向箭頭，表達強關係用實箭頭，表達弱關係用虛箭頭，表達相互關係用雙向箭頭。

以上是線條的基本繪製方法。在創意心智圖中，無論是主幹線條，還是分支線條，只要能充分表達相關含義，能清晰托起關鍵詞，可任意發揮。

最後再給大家一個建議：

重要內容可加創意分支，將線條與文字結合起來進行創意繪製，能發揮到強化記憶的作用。其他地方則越簡單越好，因為心智圖的本質是化繁為簡、以簡馭繁，是幫助我們提升效率的工具。

三、寫關鍵詞

1. 位置：關鍵詞要寫在線條的上面。

這句話聽起來很簡單，但做起來卻不容易。剛開始繪製時，有的人會經常將關鍵詞寫在線條的末端，或者寫在線條的下面、左邊、右邊，甚至還翻頁接著寫。

切記，**關鍵詞要寫在線條的上方**，很安全地站立在線條上，以顯示它的重要。不關鍵的詞，不用寫進來，要學會取捨。

2. 大小：主幹上的關鍵詞大，次級分支上的關鍵詞小。

為何文字要大小不一呢？這樣可以體現心智圖內容的權重關係或者說是層級關係。主幹是上位，分支是下位，如果內容層級多，分支下面還會有好幾個層級。

根據認知科學的研究，一般人的思考腦最多能同時存放和操作 3～5 個資訊單元。因此，無論你有多少內容，從主幹向下延伸的層級，最多別超過 5 級，多了不利於記憶。

3. 顏色：和線條同色，線條用什麼顏色，文字就用什麼顏色。

這是我推薦柔繪筆的原因，因為它可以做到一邊畫線條，一邊寫字，不用換筆。

4. 提取和轉化：提取關鍵詞不是謄抄、摘錄，而是轉化。

提取不能為了短而短，要做到不失去原意。也就是提取完畢之後，你能透過自己提取的文字，還原文本。這樣我們才能透過關鍵詞更有利記憶。

看到核心句、重點句就原封不動寫下來，或者斷句寫下

來，是我們傳統的筆記方式，其弊端是很明顯的：記錄費時、思維沒轉化、缺乏思考、複習費時、閱讀量大、難以記憶。

為什麼要在呈現上進行轉化呢？因為轉化的過程就是思考的過程，是人的大腦進行吸收、消化和輸出的過程，體現了思維的主動性，這樣才能達到學習效果。

我們知道，當我們被動去做一件事時，不會那麼有衝勁，但主動學習、主動思考則會帶來不同的結果。比如在心智圖課堂上，出了自由創作作業與命題作業時，自由創作作業往往有更好的呈現效果。

轉化的要點如下：

（1）**縮句**。很多人一開始不會提煉關鍵詞，其實，只要會縮句，就會提取關鍵詞。一段文字中的核心句就是本段的核心內容，將核心內容進行縮句，就能提煉出關鍵詞。一般來說，最重要的詞基本是名詞或者動詞。

透過關鍵詞觸發，能更有利記憶。

（2）**呈現**。不是提取出關鍵詞後，就直接寫到線條上，還要思考詞與詞之間的關係：

同等級別──並列關係：詞性在呈現上要盡量保持一致。同層級、同詞性。比如第一個主幹是名詞，其他主幹也盡量是名詞。但有的原文中有，有的沒有，這時就要進行轉化，思考有沒有其他詞能代替。

上下級別──遞進關係：上一級的關鍵詞，要能包含並概括下一級的關鍵詞；下一級的關鍵詞，要能支撐上一級關鍵詞。

跨界級別──跨界關係：畫圖完成後，還要進一步思考內容之間的關聯，運用關聯線指向相應的關鍵詞，形成跨界關係。

這樣的呈現，不僅包含了發散思維、收斂思維，還包含了結構性思維和創新思維。

四、添加關鍵圖

1. 位置

關鍵圖要畫在重點的關鍵詞上面或者延伸線上。

2. 大小

所有關鍵圖都要比中心圖小，主幹上的圖要比其他分支

上的圖大。

3. 顏色

關鍵圖至少有兩色。但是，如果參加考試或比賽，請按照考試或比賽的規則來。

4. 作用

關鍵圖的作用是增強記憶，提醒哪裡是重點。

如果你認為某個地方比別的地方更重要，演講或者做報告時一定要講到。如果你擔心忘記了，可以在抽象的、重要的或易忘的關鍵詞處加上關鍵圖。

當代最偉大的思想家之一史蒂芬・平克（Steven Pinker）曾說過一句話：「寫作之難，在於把網狀的思考用樹狀結構展現在線性展開的語句裡。」

這句話非常精妙地說明瞭心智圖對於閱讀理解的價值。

我們的心智圖工具，剛好是把作者用線性敘述的語句進行梳理後還原成作者網狀的思考和樹狀的結構，這是多麼了不起的事情。毫無疑問，使用心智圖有利於我們更清楚理解作者及其作品。

現在，你需要做的就是嚴格按照流程進行持續不斷的練

習，等你熟練掌握心智圖工具後，你會發現閱讀理解對你來說非常容易，不僅能迅速掌握文章的核心內容，而且閱讀速度會大大提升，還能進行可視化的輸出，這是多麼棒的一件事！

相信我，你的人生即將與眾不同。

04

精準「捕獲」
高效閱讀一本書

- 閱讀筆記法──有效解決知識遷移問題
- 偵察閱讀法──興趣為王
- 「茶飯寵幸」4步法──讓閱讀不再盲目
- 「7個問題」公式法──快速閱讀文學作品的技巧
- 社會化閱讀法──讀書會

📖 閱讀筆記法——有效解決知識遷移問題

在教育領域，遷移（transfer of learning）被稱為「教育的聖杯」。將在某種情境中學到的知識在另一種情境中使用，這就是遷移。

譬如將課堂上學到的東西在現實生活中使用，如果達不到這一標準，很難被描述為「學會」了。

心理學家羅伯特・哈斯克爾（Robert Kaskel）在查閱大量有關「學習中的遷移」的文獻後指出，儘管學習遷移很重要，但過去 90 年的研究結果清楚地表明，無論是個體還是教育機構，我們沒有達成任何顯著的學習遷移。

知識遷移的失敗，不僅限於學校教育，我們在企業培訓中也經常發現，培訓後沒有明顯的變化。那麼如何解釋這種脫節呢？如果學習遷移是這個世界運作必不可少的技能，到底應該怎麼去做呢？會不會很難學習呢？

學習的目的是什麼？
累積知識、培養能力、應用知識。
但為什麼讀了很多書，卻總是感覺沒學到什麼東西，或

者對我們的學習和工作沒有什麼幫助呢？

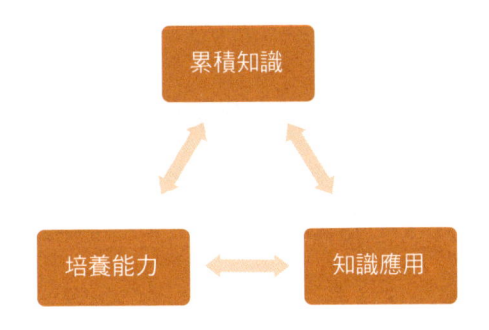

```
        累積知識
        ↑   ↑
        ↓   ↓
   培養能力 ←→ 知識應用
```

最常見的原因就是，我們只是把書上的知識「收集」了起來，根本沒有進行深入吸收和內化。

秋天的風一陣陣吹過，樹上的葉子隨之飄落，清潔隊員每日在天還未亮時，對大街小巷上的樹葉進行收集，此時這些樹葉都變成了垃圾。但這些樹葉僅僅是垃圾嗎？

有人撿起樹葉，將其做成了標本；有人將樹葉粉碎，化作春泥更護花；農夫用它們煮飯；孩子們將它撿回家做成了多彩的樹葉畫；攝影愛好者會拍攝秋葉的靜美，「碧雲天，黃葉地，秋色連波，波上寒煙翠」。把樹葉放到哪兒去，如何使用，決定了樹葉的價值。

讀書也是如此，你如何處理書中的知識，決定你是收集者，還是記錄者。

從「收集」轉變為「記錄」，最關鍵的一步，就是需要

173

思考。把想法、念頭進行外部轉化，我們可以更好地整理思維。

如何才能記住那麼多的知識呢？

其實，根本無須刻意去記，只要不斷地對它們進行思考和加工即可。在思考和加工的過程中，知識會被自然而然地記住。

認知心理學裡面，有一個概念，叫作「加工水準理論」（Level-of-processing mode，由克雷克〔Craik〕和洛克哈特〔Lockhart〕提出），它告訴我們：

==對資訊本身的「加工水準」決定了資訊的儲存和提取效率。==

很多人記筆記，只是把內容挪了個地方，並沒有真正進入大腦。

比如，記一段含有大量數據的文字，如果單純地將這段文字摘錄到筆記本裡面是記不住的，甚至會忘記「自己曾經看過這段數據」，因為這屬於「淺層加工」，發揮不了筆記應有的效果。

換句話說，記錄不是要我們做複印機。我們要透過思考去獲取知識，而不僅僅是複述和記憶。

其實，我們面對的絕大部分挑戰，在某個行業的頂尖高手那裡，早已準備好了解決方案，只不過需要我們透過閱讀花點時間把它找出來。

美國著名企業家，spaceX、特斯拉的創始人馬斯克之所以能獲得成功，有人說，是因為馬斯克有一個偉大的媽媽，也有人說，是因為他有一個低調的爸爸。而我想說，馬斯克能獲得成功主要是因為他學會了如何高效閱讀。

據說，馬斯克此前一點都不懂火箭知識，為了實現夢想，他尋找各類相關書籍，還自學了關於火箭推力原理、天體動力學、空間動力學的著作，並把他們重新建構，列出火箭的建造、裝配和發射的詳細成本。他甚至還加入了火星學會，了解該領域的發展。

他的專業知識涵蓋了火箭科學、工程學、物理學、人工智慧、太陽動力能源等領域，不僅如此，他還將這些知識運用到自己的工作中。

如果他不懂高效閱讀，那麼他無法獲得如此廣博的知識。如果他只學習了表面知識但不精通、不會遷移，那麼他想實現夢想也將成為空談。

馬斯克最厲害的就是他的知識加工和遷移能力。他能有效地將知識應用出來，將書本中學習到的精髓應用到現實世

界中,達成跨領域的知識運用。

所以,本是「門外漢」的馬斯克,後來竟然成了星球探索領域的專家和先行者。

事實上,各行各業的人士都在利用知識遷移進行工作。

如果我們去讀書,就能夠發現有很多人有著相同的經歷,並且總結出了很好的方法,因此有的人在讀了書以後發現自己的問題得到了解決,並獲得一些啟發。

現在,我們已經是高效閱讀者了,我們的閱讀速度是別人的 5～10 倍,我們的閱讀量一年可達 100 本,是普通人的 10 倍以上。現在我們面臨的問題是,如何對知識進行加工和遷移。

當我們的知識有限時,知識遷移會變難。當我們在一個領域學會更多的知識和技能時,我們就能更加靈活地進行知識遷移,也更容易將知識應用在特定環境之外的廣闊天地。

接下來,向大家介紹 3 種遷移學習法:心智圖 6 步法、「4I」4 步法和卡片筆記法。

一、心智圖 6 步法

第一步,獲取知識。

在閱讀過程中,獲取對你而言的新知識、新概念、新經驗、新流程、新創造,看看作者是如何講述這些內容的。

第二步,理解知識。

將閱讀收穫的新知識、新內容,以提取關鍵詞的方式呈現出來,也可以用簡單的句子寫出來,避免出現理解錯誤,要盡量貼近原意去理解作者想要表達的意思。

第三步,圖像思維。

將閱讀獲得的新知識,在腦海中關聯過去經驗,思考有沒有相應的案例,如曾經遇到過的類似情況。增加案例可以幫助你理解更清楚。

第四步,圖像呈現。

按照心智圖的繪製規則將新知識畫出來,不僅能結構化呈現,還能更有利於幫助我們達成結構化分享。當需要記課程筆記、會議紀錄時,採取分支心智圖的形式效率會更高,閱讀的內容較少時也可採用分支心智圖。

第五步，表達行動。

用自己的話將結構圖上的內容講述出來，並思考未來能怎麼做，是否可達成、可衡量，在哪些場景中能運用，需要改變什麼方式。在講的過程中，每一個點都可以有觀點、有例證、有昇華，可盡情發揮。

第六步，註明出處和作者。

註明所讀內容在該書中的位置、頁碼，作者與閱讀人以及日期。

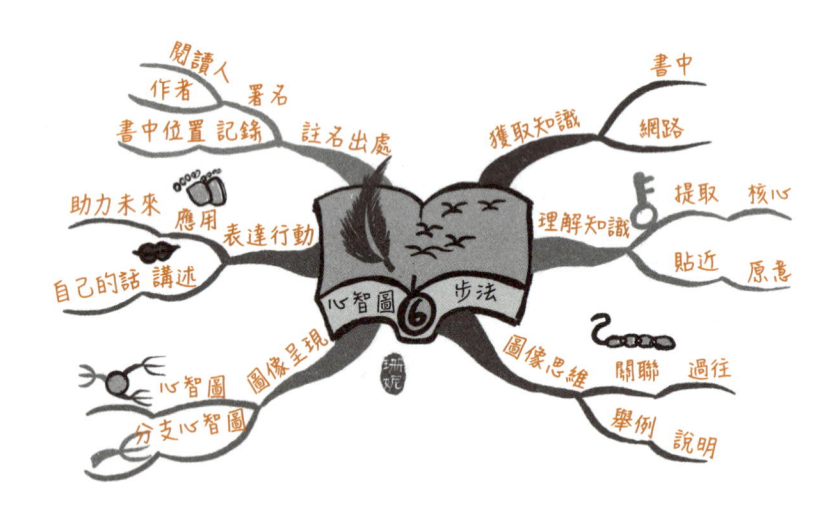

上圖為「心智圖 6 步法」知識遷移的流程，在知識遷移的過程中要注重知行合一，重視跨界思考，重視閱讀與行動。

我們可以根據結構圖進行邏輯清晰的表達，還能根據某一個關鍵詞節點，關聯並延伸出更多的內容，利用詞與詞之間的關聯，想到更多有趣的內容。

其實，這個流程自動完成了德國心理學家韋特海墨（Wertheimer）所講的「格式塔效應」，**將過往的經驗和行為結合在一起，為當下的分享服務。**

當你掌握了這個方法，真正運用起來之後，會感覺這個方法真的很有用，也很好用。

這個世界上沒有一個人是孤立的，沒有一件事是獨存於世的。知識也一樣。知識世界就像一盤棋，每一個棋子都和其他棋子緊密地聯繫在一起。

但是在我們求學之初，知識並不是這樣的它們在課本上整齊排列，以「知識點」的形式出現，記住它們本身就行了，是否存在關係不重要。但**藉助心智圖，我們有機會把這些孤立的點，還原成整局的棋。**

如果你樂意按照上面的流程，對所了解的知識做一個心智圖，然後嘗試分享，你將發現一個不一樣的自己。

二、「4I」4步法

所謂「4I」，就是 I See、I Feel、I Think、I Will，將整個遷移學習過程分解為眼看、嘴說、腦思、踐行 4 個階

段。

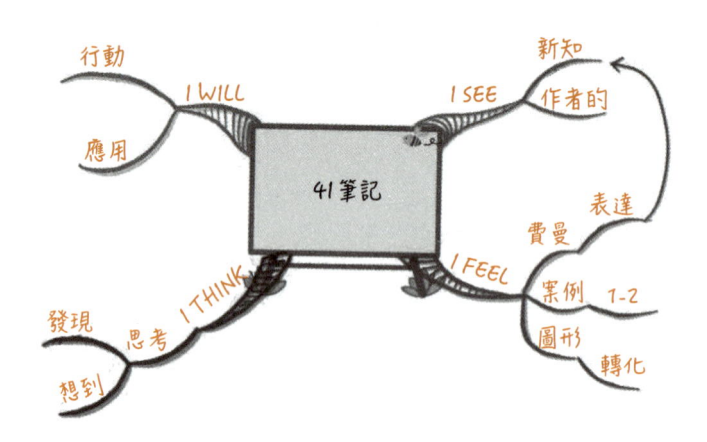

```
行動　　　　　　　　　新知
 I WILL　　　　I SEE　作者的
應用
           4I筆記　　　　　表達
                      費曼
              I FEEL　案例 1-2
發現　思考　　　　　　　圖形
    I THINK
想到　　　　　　　　　　轉化
```

第一步，I See——我看到了什麼。

　　這一步的任務是發現書中的新內容，看作者是怎麼闡述新詞彙、新內容、新模式的，完成的標誌是找到關鍵詞、核心句。

第二步，I Feel——我如何理解。

　　這一步的核心是理解，對於發現的新知識，能否用自己的話表達出來，能否以圖像呈現，能否用關鍵詞進行輸出。

第三步，I Think——我認為如何。

　　增加個人的思考和評價。透過這個新知識你想到了什麼，能不能就這個知識點寫 1～2 個案例，透過筆記輸出案

例或評價。

第四步，I Will——我希望怎樣。

用新知識驅動事物發生，你將怎麼行動，你會將這個知識點運用到哪裡。

這種方法用一句話總結就是：眼能看到、嘴能說出、腦能關聯、能夠行動。

三、卡片筆記法

第一步，準備工具。

1. 一疊白紙或者空白卡

你需要準備一些空白紙，尺寸為 A4 紙張一半大小即可。也可以裁剪一些 A4 紙張，隨身帶在身邊，歸類時可以打孔裝訂成冊子。

如果想有質感一點，可以購買空白卡片。購買時，請注意卡片的尺寸大小。

2. 多彩原子筆

製作卡片要用到 3 種顏色以上的筆，可以買多種顏色的自動原子筆。如果文字用的是黑色筆書寫，分界線一定要用

其他顏色的筆來畫。

第二步，學習如何設計卡片筆記。

每一張卡片的正反兩面，都有自己的用途。

卡片正面可以寫上序號、內容主題和來源，以便後續歸類、檢索。

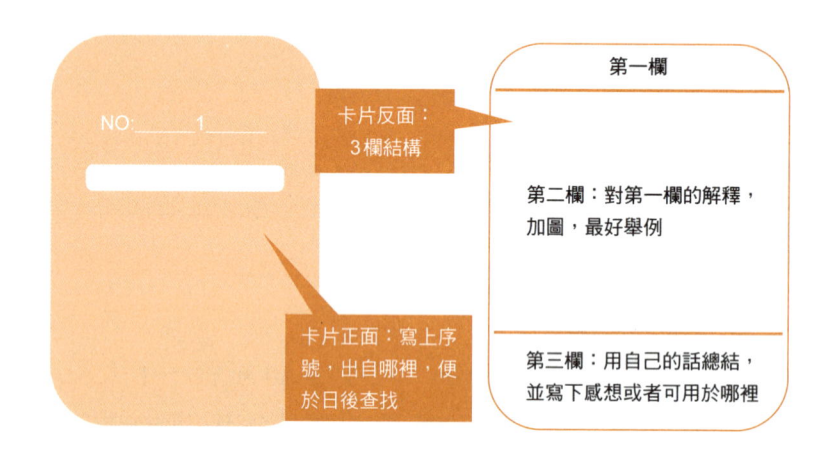

```
NO:_____1_____        卡片反面：
                      3欄結構

                                        第一欄

                                        第二欄：對第一欄的解釋，
                                        加圖，最好舉例

         卡片正面：寫上序
         號，出自哪裡，便      第三欄：用自己的話總結，
         於日後查找            並寫下感想或者可用於哪裡
```

卡片背面通常分為 3 欄：

第一欄，在卡片背面的頂部。這裡可以寫上你想了解的新內容、想理解的新概念，或者想弄懂的新問題，並寫上出自書的哪一頁，便於查找。

第二欄，在卡片背面的中部。這一部分用來概括文章或書的內容。在概括內容時，還可以根據內容畫圖，圖可以來

源於書，也可以是自己的創意。閱讀時在大腦中「創作」圖案，有利於對書進行深度理解。如果有案例，還可以寫 1～2 個案例。

如果你不想刻意概括所獲得的新內容，直接摘錄書的內容也可以。但摘錄時，建議看完一句話、一段話再摘錄，別看一個字抄一個字。因為我們看完一句話或一段話後再抄寫，整體意思會在大腦中停留一秒，理解和輸出的效果會更好，不會割裂原意。

這種方法我稱之為「**停留一秒再輸出法**」。家中如果有小學生，可以嘗試讓小朋友採用這樣的學習法，能有效提升學習力。

第三欄，在卡片背面的底部。這裡可用自己的話提煉一下要點，並思考一下它的應用場景。

能總結提煉要點很重要。一般來說，對於新學習的知識，只有我們能用自己的話表達出來，才表示這個知識我們真的理解了。

最後寫上你想怎麼應用，應用到哪兒，簡單表述即可。這一點可以讓我們進行發散性思考。

當我們讀一本書時，覺得某個知識點很有趣，或者很有道理，我們就可以根據這個知識點做一張卡片筆記。

比如,對《二程遺書》的「教人未見意趣,必不樂學」這句話特別感興趣,就可以用卡片筆記法進行輸出:

正面寫上序號「1」,再註明這個知識點出自《二程遺書》。

背面第一欄:寫上「教人未見意趣,必不樂學」這條短語,後面還可以寫上位於第幾章第幾頁,以備查詢。

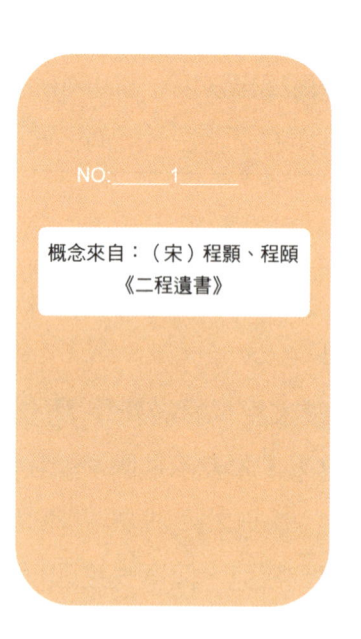

```
NO:_____1_____

概念來自:(宋)程顥、程頤
      《二程遺書》
```

```
教人未見意趣,必不樂學

意思:在教人的時候不能讓他發現其
中的樂趣,那麼他必定不樂意去學了。

總結:興趣是最好的老師,當我對某
件事有了濃厚的興趣,就會積極地探
索、敏銳地觀察。這樣一來,我便能
牢牢記住,還能以豐富的想像創造性
地運用知識,並從中體會到學習的樂
趣。應用:畫圖學習。
```

背面第二欄:對這句話進行解讀,再配上一幅圖,手繪效果更好,哪怕是簡筆畫。

背面第三欄:用自己的話表達出來,再聯想一下可以應

用的場景。

這樣一來，這個知識點不僅記住了，還能輸出和分享。這就是卡片筆記法，是不是很有趣，你學會了嗎？

小朋友使用卡片筆記法，學習效果會更好。

比如對唐詩《登鸛雀樓》中的「欲窮千里目，更上一層樓」感興趣，就可以按照上面的流程來製作知識卡片了。

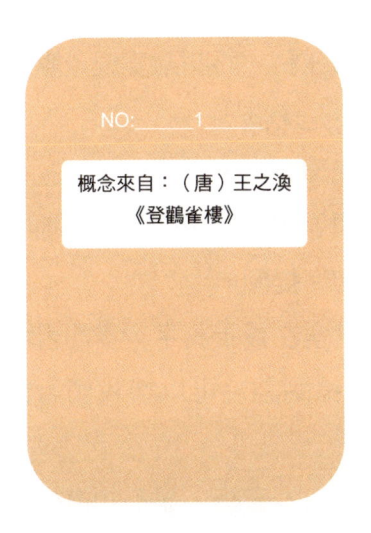

NO:＿＿＿1＿＿＿

概念來自：（唐）王之渙
《登鸛雀樓》

欲窮千里目，更上一層樓

意思：若想把千里的風光景物看夠，那就要登上更高的一層城樓。

我的話語：站得高望得遠。
應用：我每天閱讀，就是和很多厲害的人在交流，終有一天我會站在更高處看到更加美麗的人生風景。

當小朋友製作完這樣一幅圖文並茂的卡片後，是不是覺得自己很有成就感呢？既學習了經典，又激發了自己的思考，獲得感悟，這是多麼美好的事情呀！

偵察閱讀法——興趣為王

閱讀是為了解決問題——不是解決認知問題，就是解決技能問題。

然而，我們面臨的現實問題是難以建立和保持對閱讀的興趣，以及 不知道閱讀的目標是什麼，打開一本書後往往止步於前幾頁，或者為了完成閱讀任務，將閱讀變成了默念文字活動，沉浸閱讀、享受閱讀更是奢談。

這是因為，我們缺乏恰當的閱讀方法。

老師告訴我們說，要學會提問，才能真正高效快速地閱讀。也有很多書籍，試圖教我們如何提問。

當我們帶著問題去閱讀時，就會在幾十萬字一本的書中去探索一個又一個目標。圍繞目標閱讀，可以讓我們讀得快、記得牢！

然而現實是，當我們真正面對一本書時，並不知道如何提問，或者只是強行提了一個並不是很感興趣的問題，這對於調動我們的內在驅力去閱讀並沒有多大的幫助。

怎麼辦？

夏洛克・福爾摩斯（Sherlock Holmes）是19世紀末英國著名偵探小說家柯南・道爾（Conan Doyle）筆下的一位才華橫溢的大偵探。福爾摩斯自稱「諮詢偵探」，因為其他私人或官方偵探在查案遇到困難時常常向他求助。《福爾摩斯探案集》講述了福爾摩斯偵破一系列困難、棘手的案件，終使這些疑竇叢生的懸案真相大白的故事。如今，「福爾摩斯」已成為名偵探的代名詞。

那你有沒有好奇：為何在其他私人或官方偵探看來無從下手的案件，福爾摩斯卻能成功破案，他的祕訣是什麼？

讓我們來看書中一個例子：

> 在《血字研究》一章中，眼看官方偵探的辦案已走向歧途，福爾摩斯根據現場勘察，一語中的地指出，凶手應該是一名馬車夫。循著這一推測，案件終被成功破獲。
>
> 福爾摩斯是怎樣判定嫌犯為馬車夫的呢？他看到案發現場門前馬路上有車轍，但車轍零亂，表示馬車曾處於無人看管的狀態；從車轍到案發室內有兩個人的腳印，而其中一個人的腳印是受害者的；一個要殺害同行者的人是不會讓馬車夫在作案現場門口等候，並在殺人後再坐同一輛馬車離開的。
>
> 綜合這些線索，福爾摩斯推定，實施犯罪的人

就是馬車夫。

你可能已經明白了，**讓福爾摩斯成為一個偵探高手的，除了他那敏銳的觀察力和超強的記憶力外，更重要的是他那嚴密的邏輯推理。**

福爾摩斯的好友兼助手華生對他由衷地欽佩和讚歎，說他「簡直是一架用於推理和觀察的最完美無瑕的機器」「極為精密和靈敏」。

大家有沒有發現，透過《血字研究》這一章，我們發現在案件偵破的過程中，往往存在誤判方向的情節，這是作者刻意調動讀者情緒、吸引讀者的手法。而對於讀者來說，他們迫切渴望偵破解密、發現真相，在這個過程中會不知不覺感受閱讀的愉悅，這當然很過癮。

阿嘉莎‧克莉絲蒂（Agatha Christie）的推理小說情節更離譜，所有線索和嫌疑人都被擺在檯面上，只要你能找出文中的隱性證據，就能準確地找出真兇。阿嘉莎‧克莉絲蒂更詭異地地方在於，即使告訴你所有的事情，你還是猜不到真兇是誰。

阿嘉莎‧克莉絲蒂的名作《尼羅河上的慘案》（*Death on the Nile*）被拍成了電影，但只有閱讀她的小說，才能真正體會到那種絲絲入扣的推演的精妙，體會那種層層剝繭一般揭祕的樂趣。

看到這裡，你是否想到，**我們也可以用探案的方式來閱讀，這就是偵察閱讀法。**

提問與充滿興趣地閱讀是相輔相成的。沒有問題的閱讀，基本是枯燥無味的。

我們可以像阿嘉莎・克莉絲蒂或者福爾摩斯一樣，帶著問題，帶著探案的心理，由一個線索到另一個線索，找出文中隱含的證據，最終找到答案。

偵察閱讀法，不僅能讓問題自動產生，還能讓我們在閱讀時扮演「員警」的角色。

在閱讀時，我們不用去刻意解決提出的問題，我們要注意的是，這本書對自己來說吸引點是什麼。不想讀書時，也可以隨便翻翻書，看看封面、封底為何是那樣的，發現 2～3 個驚訝點即可。

要從興趣出發，透過偵察和觀察，從一本書的封面、封底尋找蛛絲馬跡，明確找到要讀這本書的目的，找到自己感興趣的閱讀點，帶著明確的問題、清晰的目標閱讀相關內容。再透過目錄、序言、內頁等相關資訊，進一步佐證並尋找新的興趣點。

透過偵察一本書的封面資訊，不僅能調動我們的閱讀興

趣，更重要的是能讓我們找到讀那本書的原因。而後帶著問題去閱讀，是把書作為「嫌疑犯」，去偵察書中是否有我們需要的答案，能夠幫助我們大大提升閱讀效率，節約時間。

用這樣的方式閱讀，能利用興趣與好奇心，順藤摸瓜產生學習動機，讀自己想要了解的內容，得到自己想要的答案。興趣產生內在驅力，用內在驅力去讀書才能更高效。

當我們帶著好奇、帶著問題去閱讀時，不僅可以保持閱讀興趣，更加專注地閱讀，還會產生緊迫感，促使我們在書中快速搜尋答案，提高效率。

偵察閱讀法就是透過尋找蛛絲馬跡，讓我們找到閱讀的原因。我們要盡量做到無目標不閱讀，無興趣不閱讀，無問題不閱讀。

偵察閱讀法＝封面推測（尋找蛛絲馬跡）＋邏輯推理（利用所抓取的資訊）＋驗證推測（透過閱讀找到相關內容）

把閱讀當作一次探案遊戲，可以讓整個閱讀過程不再枯燥，更無須畏懼。

偵察閱讀包括偵察前、偵察中和偵察後 3 個階段。

第一階段：偵察前

這一階段主要解決人和書的問題。

關於人，可以是你自己，也可以組織幾位閱讀參與者，透過線上或線下來共同學習。

關於書，準備任何一本書都可以。如果你的閱讀量不是很大，又希望快速掌握這個方法，我的建議是先挑選你所熟悉的領域的書來閱讀。

如果是多人共讀，在活動前，可以由領讀者發放一本大家完全不知道的新書，圍繞書的題目、內容等各種因素，像福爾摩斯探案一樣，對書本發起偵查閱讀。

如果是線上共讀，可以由領讀者把需要閱讀的書的封面拍 3～5 張照片發到共同群組裡。

第二階段：偵察中

從書的週邊尋找蛛絲馬跡，偵察書的封面、封底，包括封面的整體設計、顏色、文案、書腰、推薦語、作者等，任何蛛絲馬跡都不要放過。

為了驗證自己的推測是否正確，我們有必要對目錄、序言、引言和內頁再一次進行偵察，驗證。

如果是共讀，大家可以集中分析閱讀，並從其他人的分

享中搜尋可能對自己有利的資訊。在這個過程中，要注意的是要為受益而服務，而不是抓著誰的失誤或者對錯不放。你要做的就是按照遊戲流程玩下去。

第三階段：偵察後

各自選閱讀的章節，找出自己感興趣的點，閱讀那部分內容。

相信我，偵察後的收穫一定遠遠超過偵察前的預期。

打破傳統閱讀，換一種方式，運用有趣的方式，可以把閱讀變成一件輕鬆的事情。

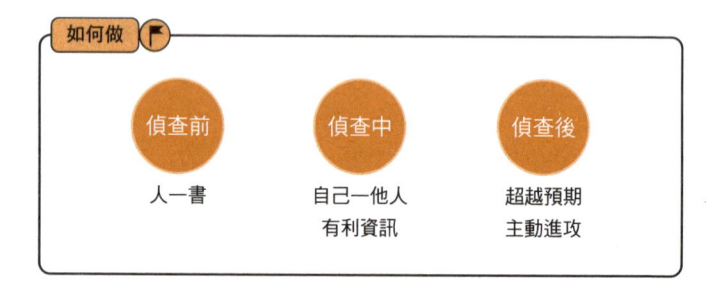

如何做

- 偵查前：人—書
- 偵查中：自己—他人　有利資訊
- 偵查後：超越預期　主動進攻

下面我們以 3～8 人的共讀為例，為大家介紹偵察閱讀法的流程。

第一階段：偵察前的準備

1. 確認書籍和領讀人

活動前，確定領讀人，領讀人要知會大家：

（1）啟用時間（一般控制在 40 分鐘左右為宜）。

（2）選書主題。比如為了激勵大家能夠每天早起閱讀，選擇了《上班前的關鍵 1 小時》（*The Miracle Morning*）這本書。在活動進行前，大家不用拆開這本書。如果只有領讀人有這本書，領讀人可以將書的封面、封底、內頁、目錄、序言部分的內容拍照下來，發到共讀群組。

（3）安排一個計時官，在別人分享時計時，並在剩餘 30 秒時提醒分享人時間即將用完。計時官也可以由下一位分享者擔任。

2. 人員

線下 15 人以內，線上 8 人以內為宜。因為在讀書會中每個人都要發言，假設每個人發言的時間為 3 分鐘，8 個人就要 24 分鐘。一般來說，平均每個人發言的時間會超過 5 分鐘。

3. 心態

多人閱讀，分享時大家都會有點緊張，擔心分享不好，

被人嘲笑。此時參與者要相信自己，參與閱讀本身就是在提升自我，是一個成長的過程。也許幾分鐘後，你就會進入滔滔不絕的分享狀態。

4. 領讀人

領讀人要適度對話題進行引導，控制總時間。 既要避免尷尬，又要避免無休止地占用時間。

偵察讀書會（第 n 期）通知單					
讀書會時間	8 月 26 日（星期五）20：00 — 20：45				
領讀人	俞林花				
計時官	劉爽				
參與人	俞林花	劉爽	苗娜	王明霞	劉楊
參與人對應發言序號	1	2	3	4	5
參與人對應記錄人	劉楊	俞林花	劉爽	苗娜	王明霞
參會方式	書友微信群影片				
準備內容	1. 放鬆的心態 2. 白紙若干、筆 3. 電腦或者手機，並提前充好電（用於影片和記錄發言內容） 4. 網路通暢 5. 計時器（計時官）				

如果是一個人閱讀，就簡單了，只需準備好書和計時器即可。

第二階段：偵察閱讀階段

1. 自我介紹

領讀人宣布開始，大家用 1 分鐘介紹自己，包括姓名、來自哪裡、職業是什麼、有什麼興趣愛好、能帶給大家什麼支援等。

2. 音樂模式

時間控制在 2 分鐘以內。播放 1～2 分鐘輕音樂，所有人保持微笑，閉上眼睛，聆聽音樂。**運用 333 呼吸法：吸氣 3 秒，屏住呼吸 3 秒**，吐氣 3 秒。目的是營造內外環境，清除雜音、雜念。

3. 拿出一張紙，寫下參與讀書會的目的和期待

在這張紙上寫下 3 個方面的內容：
（1）參與讀書會的目的。
（2）希望在本次讀書會上有什麼樣的收穫。
（3）期待本次讀書會在哪方面給自己賦能。
寫的時候，無須長篇大論，三五個詞概括即可。

4. 偵察

全體成員拿起同一本書,偵察書的封面、封底,任何蛛絲馬跡都不要放過,包括封面的設計、顏色、文案、書腰、推薦語、作者、國籍等。時間是 1 分鐘。

在觀察時,盡情發揮你天才般的大腦,你可以猜想,也可以編劇,甚至可以演繹。你如何認識這本書?如果是你,你會如何改寫封面內容?總之,你要盡情地去思考封面、封底的資訊,思考設計、文案與整本書的關係,並將你的所思所想快速寫下來。

5. 交流

寫完之後,由領讀人發言,輪流交流對這本書的見解。交流要按照順序來進行,交流時要記錄自己從他人身上獲得的不同的資訊和對這本書新的思考。

每個人都可以記錄,也可以由上一位分享者來記錄下一位分享者分享的內容。或者從參與者中選擇一位記錄員,這樣其他人可以專注聆聽。記錄關鍵內容即可,可以使用經典短句。

交流時間控制在每人 2 分鐘,由下一個交流者控制時間或者由專門的計時官控制時間。

6. 快速閱讀目錄和序言

　　這個時候，大家已經對書有了**興趣**，甚至已經提出了明確的問題，並很想知道自己的推測是否正確。

　　為了閱讀**興趣**更濃厚、閱讀更有目標，我們有必要對目錄、序言、引言和內頁再一次進行偵察，看看有無感**興趣**的內容。時間是 3 分鐘。

　　給自己一個信念，3 分鐘內是完全可以找到感**興趣**的話題的，你完全能「偵破案件」，完全可以給出偵察結果。實在不行，就去猜想、去連結。

這個時候的偵察：

一是尋找感性的內容。

二是從中找到能證明根據封面、封底推測的內容。

三是提出確切想了解的問題，甚至確定好要重點讀哪些內容。

　　要一邊偵察圖文尋找蛛絲馬跡，去猜想這本書會寫些什麼，如果是你，你會怎麼來寫這本書（情境、衝突、問題和答案，或者是什麼、為什麼、怎麼樣，或者前提、方法、結果、行動等），一邊去思考這些內容是不是與你偵察封面時的推測有吻合之處。

　　再用 2 分鐘時間，記錄自己進一步偵察時可以確定無疑的問題，用短句寫下來。

7. 第二輪討論

在第二輪討論中,每人發言 2 分鐘。

(1)說一說透過對序言、目錄、引言以及封面、封底的觀察,你覺得作者想解決什麼樣的問題,如果你是作者你會怎樣來解決。

(2)透過目錄查找閱讀內容,你有什麼新發現,有了怎樣進一步的分析和思考。

(3)有沒有證據支撐根據封面、封底推測出的觀點。

(4)其他人在分享時,你要快速記錄,對比你的解決方案和其他人有什麼不同?別人對於這個觀點是用什麼來支撐的?

(5)從中得出綜合的驗證,驗證這本書的主要內容可能是什麼,你對哪一部分感興趣,用關鍵詞記錄下來。

透過兩輪有趣的偵察活動,你一定對閱讀這本書產生了興趣,為何想讀、想讀哪部分都在心裡有了確定的答案。

8. 活動收穫輸出(結案報告)

經過以上流程,你已經知道了要閱讀這本書的原因了,可以透過結案報告的形式,將本次活動的收穫做一個輸出。

> （1）你對本次讀書會的期待是什麼？每個人都要寫。
> （2）你是如何像福爾摩斯一樣在封面封底尋找蛛絲馬跡的？每個人都要寫自己觀察到的內容。
> （3）在序言、目錄、內頁閱讀中，有什麼新發現，你有了怎樣進一步的分析和思考，有沒有證據支撐從封面、封底推測出的觀點。
> （4）透過偵察，接下來你還想去閱讀本書嗎？如果想讀，會讀哪些內容，先讀哪裡，後讀哪裡。
> （5）這次活動的收穫是什麼？從誰的身上學到了什麼？
> （6）是否達成預期目的，與活動開始前你寫的目的進行對比，新的收穫是什麼？
> （7）參加本次偵察讀書會，你的感受是什麼？
> （8）下一步你會如何行動？
> （9）下一期的領讀人是誰？

當你釐清了這些問題，一個人進行閱讀時，用 3～5 分鐘的時間，就能對一本書能夠解決什麼問題、為何要閱讀、讀哪部分內容有清晰明瞭的認識，也解決了閱讀不會提問的問題。

第三階段：章節選讀

現在我們已經解決了為何要讀這本書的問題，下面要解決感興趣的內容應該怎麼來讀的問題。

第一步，花 1～3 分鐘的時間，把書從頭到尾翻一遍。

只需要熟悉一下這本書的結構，了解章節後有沒有總結之類的問題即可。

第二步，閱讀 10 分鐘。

快速從目錄中尋找感興趣的點，目錄中沒有，就快速翻書去尋找。試圖找出你在上一步中感興趣和想了解的部分，從最感興趣和最想了解的點開始閱讀。

第三步，驗證你的推測結果。

看看作者是怎麼說的，你是怎麼想的，有什麼不同。要求是必須帶著問題閱讀。

第四步，遇到新的打破你認知的知識點時，先用彩色筆圈出來，後面再讀。

先解決你提出的問題，再解決認知問題。

偵察閱讀法，是一種以興趣為王的閱讀方法。無論讀文學書、歷史書，還是工具書時，都可以運用這種方法。它會引導你去讀自己想讀的內容，是一種主動性、目的性非常強的閱讀方式。在這個過程中你不僅能收穫知識，而且能獲得前所未有的自信和樂趣。

　　經過實踐驗證，對閱讀沒有興趣的人，採用這種閱讀法後，會對書產生極大的興趣，迫不及待地想要去讀，然後很快就能把一本書讀完。這是一種全新的閱讀體驗。

📖 「茶飯寵幸」4 步法──讓閱讀不再盲目

許多人在閱讀上付出不少,但效果一般。其中很重要的原因就是盲目閱讀。

在閱讀這部分內容之前,請你思考兩個問題:

第一,大學畢業後,哪些書給你帶來的價值最大?
第二,你真的需要把書一字不漏地從頭讀到尾嗎?

從小到大,我們的閱讀習慣都是一字不漏地閱讀。在知識爆炸的時代,內容更新非常快,很多內容在當下已經過時,甚至已經被淘汰了。有那麼多新東西等待我們去了解,如果我們不改變閱讀方式,在被淘汰的思維裡坐井觀天,難免會跟不上時代的步伐。

對於讀書,每個人的目的都有所不同。有的人是為了增加見識,有的人是為了學習技能,有的人是為了核實查證,有的人是為了知識輸出,還有的人只是娛樂消遣。對不同類型的書、不同目標的閱讀,應當選擇適當的閱讀方法,才能讓讀書更加高效、實用。

獵豹在捕獵時，從來不會把面前的一群羚羊都當作目標，它只會緊緊咬定其中的一隻，窮追不捨。我們的精力、時間都是有限的，只有專注於一個目標，才有可能成功。

有一個哲學故事，講的是人生的三重境界：

第一重，踏上社會時躊躇滿志，感到自己無所不能。

第二重，歷練累積後找到自己的優劣，逐漸知道能做什麼。

第三重，經過長期磨礪，有了自知之明，知道自己不能做什麼。

蘋果公司的創始人賈伯斯，曾被董事會排擠出局。當他再次回到蘋果公司時，面臨的是產品線十分複雜，但瀕臨破產的局面。賈伯斯用了一個方法，就在第二年達成了業績大幅增長。

他的方法就是砍掉不需要的產品線，把所有的電腦分成兩個系列——桌上型和筆記型，在這兩個系列之下分成兩種類型——專業機和普通機。

賈伯斯的理念至今影響著後人：**抓核心，從本質出發，做最重要的事**。

做任何事，都需要有取捨、有選擇。什麼都想做好，往往什麼也做不好。什麼都想得到，結果是什麼也沒得到。

閱讀，應該像觀看長影片課程一樣，可以拖動進度條來控制。遇到重點或者感興趣的內容停下來學習，對於沒有價值的地方則快轉。

但很多人在閱讀時像在電影院看電影，往往從前向後慢慢看。這樣去閱讀，相當於把閱讀的主動權完全交給了作者。

有取捨、有方法的閱讀，才能給我們帶來價值。

如何高效實用地閱讀一本書呢？

根據多年的閱讀教學經驗，我總結出**「察、翻、重、興」4步法**，為了便於記憶，可以使用諧音記為「茶飯寵幸」4步法。只需要完成這4步，就能高效地閱讀一本書。

「茶飯寵幸」4步法步驟如下：

第一步，偵察。

偵察書的外部資訊，封面、封底、內頁、目錄、序言，找到驅使自己閱讀的原因，明確閱讀目的，翻閱渴望閱讀的篇章。

如果你讀完了上一節偵察閱讀法的內容,那麼這對你來說很容易理解。如果你不熟悉,請參考上一節的內容。

假如你正在寫畢業論文,或者研究某一領域,在查找書目時可以按照這樣的方法來操作:

1. 選擇創始人或者集大成者的書來閱讀,了解他的主要著作和他的圈子。

想要抓住某個知識領域的本質,不能只透過閱讀教材類的書籍來達成。要想快速進入一個新領域,就要以作者本人為核心。

有的領域相關著作很多,都需要去閱讀嗎?學會二八法則,選領域開創者、分歧者、集大成者的書來閱讀即可。

開創者的書中凝結的許多關鍵資訊是其他人做不到的;分歧者的書有利於我們多維度思考;集大成者往往博學多識,結論未必是原創,但綜合性很強。比如,想要了解管理學,可以讀彼得・杜拉克(Peter Drucker)的著作,他就是管理學界的集大成者。

2. 偵察重點詞句,包括新概念、新解讀、新流程。

重點資訊會直接帶閱讀者進入核心地帶。或許需要了解的著作很多,但我們可以抓住資訊本質來進行探索。一般來說,一位學者畢生有 1 ~ 3 個重要成果就相當不錯了,其學

術觀點都是圍繞核心觀點的發散和延伸。

像牛頓那樣的天才，核心成就也只有 2.5 個：萬有引力定律、牛頓運動定律、和萊布尼茲（Leibniz）一起發明的微積分。而愛因斯坦這麼厲害的科學家，其主要成就也就是相對論。

海耶克（Hayek）先生出版了 25 部著作，寫了上百篇文章，其中絕大多數文章都在不斷變換角度雕琢一個概念──「自發秩序」。

比如《通往奴役之路》從經濟學角度講自發秩序；《感覺的秩序》從心理學角度講自發秩序；《自由憲章》從政治、法律、哲學的角度講自發秩序。在哈耶克看來，從鄉間小路到經濟、法律、語言等，都是自發演化而來的，遵循的都是自發秩序。

閱讀時，你會不會常常有這樣的感慨：一位學者耗費一生的經歷，穿梭於不同領域，變換著各種角度，為我們精雕細琢一枚知識鑽石，而我們可以一次性拿走，何其幸也。

有位媽媽告訴她的孩子，新學期新書到手時，要從頭到尾快速翻一遍，了解其中的關鍵概念，可不求甚解，也可囫圇吞棗。你會發現一門課一學期其實就講了幾個概念。

比如，高一上學期的物理課本主要講 3 個概念：牛頓第一定律、牛頓第二定律、牛頓第三定律；到了下學期，核心是兩個概念：萬有引力定律和能量守恆定律。抓住幾個關

鍵詞，就像抓住了一條條安全繩，有了它們，令人恐懼的茫茫大海就變成了風平浪靜的游泳池。

第二步，翻閱。

無論你的閱讀目的是什麼，這一步都需要去做。

透過第一步週邊偵察，你已經有了渴望閱讀的內容。透過了解源頭創始人和他的圈子，知道了其核心主張是什麼。

接下來，我們可以從目錄中看到一本書的架構和寫作思路，直奔重點章節閱讀。這比起從頭到尾一字不漏地閱讀，至少會提升 10 倍速度。

如果你想要閱讀的主題章節比較多，時間又比較有限，最好的做法是進行排序，先讀哪些、後讀哪些，這樣無形中將大任務進行了分解，也能把閱讀的最佳狀態留給最重要的篇章。

在閱讀感興趣的內容時，要先預估一下時間，這一步很多人都會忽略。限時多長時間讀完，可以避免隨意散漫地閱讀。

譬如預估用幾分鐘專注閱讀一個感興趣的內容，再預估用幾分鐘閱讀下一個感興趣的內容。這樣一來，每次你都能完成一個閱讀小目標，這會給我們的大腦帶來不同尋常的感受。無論是否被打擾，你都因一個小目標的完成而獲得一枚

小果實。

翻閱時，要做的是拿出彩色筆，一邊快速圈出對你有益的重點，比如你關注的新概念、新知識點、新流程、新解讀等，同時快速折頁，並繼續向前閱讀下個部分的內容。

別停留，因為這隻是你第一次翻閱相關的內容，我們了解一下即可，不用深讀。就好像剛認識一位新朋友，先看看人家長什麼樣，隨便聊幾句即可，沒有必要去對人家刨根問底。

翻完需要閱讀的地方，會得到 3 個可能的結果：

第一，找到了需要的相關資訊。此時回顧一下這些內容是否能解決你的疑問，你讀這本書想解決的問題是否都有答案了。

第二，沒有找到需要的相關資訊。原因可能是你在偵察階段有所失誤，也可能是書的外部資訊量極少，讓你判斷失誤。這時你有兩種解決方法：要麼換一本書解答你的問題，要麼針對這本書提出新的問題。

第三，發現感興趣的新資訊。如果在閱讀的過程中，產生了新的問題，覺得這本書能夠解決你的新問題，那就預估

一下時間，翻到新的內容進行了解。

第三步，重讀。

上一步我們透過快速翻閱，通讀了核心內容。現在，我們再一次重讀圈出來或者折頁的相關資訊。

重讀之前，你要在大腦中思考以下 3 點：

第一，**思考作者解決了什麼問題**。當你試圖理解作者的時候，就知道他們遇到過什麼問題，或者在哪個方面曾有過彷徨。

第二，**感悟作者的心思**。作者花費那麼多時間寫出十幾萬乃至幾十萬的文字，必定有緣由。比如想要理解陳寅恪先生的思想，看陳寅恪研究楊貴妃的那篇文章就足夠了。胡漢融合問題，是陳寅恪先生窮其一生來研究的課題，也是他那一代人的苦悶和彷徨：落後的中國應該如何再次融入世界之林。

第三，**思考這些內容能不能解決你的問題，是否是你需要的內容**。思考完畢，確認需要的，就可以有重點地重讀了。

此時再次閱讀，建議你不要為了讀而讀，要把目標設為用心智圖輸出核心內容。這樣會在重讀過程中倒逼自己產生結構化思考，並在大腦中抽絲剝繭，以獲得核心架構圖。

為了進行心智圖輸出，我們不僅要重讀相關內容，還要就相關內容提煉核心點。將核心點分類歸納，把類似的內容放到一起。並將內容進行轉化，提出關鍵詞。

這樣一來，呈現到心智圖上，主幹就是大分類，分支就是論據支撐點。關鍵詞可以是書中有的，也可以是高度概括的。重讀的重點就是核心點。

獲取資訊和內化資訊，是學習中的兩個重要環節。獲取資訊對內容的理解比較粗淺，而內化資訊需要進行加工，這樣才能真正為自己所吸收。

前面我們已經分享了心智圖學習工具，它不僅使用方法簡單，而且能幫助我們把握重點和關鍵。在思考方向上不僅可以做到收斂，也可以發散，還能結構化呈現，應用領域比較廣泛。

要記住，第三步重讀的目標是運用心智圖筆記來做閱讀輸出。獵豹閱讀法認為，沒有輸出不能算有效讀完一本書，心智圖筆記是其中一個比較輕鬆高效的方式。

認知心理學認為，從看見到存儲在大腦並形成長期記憶，可以分為 3 個步驟：**編碼─鞏固─檢索**。通俗來說就是

「**看到新知識—初步記憶—不定時揪出來晾晾**」。是不是很眼熟？心智圖就正好完成這些步驟。

第四步，起興。

興，本來是古代詩歌的一種表現手法，在《詩經》中很常用。興的本義是「以其他事物為發端，引起所要歌詠的內容」。在這裡借用過來，表達啟發與行動的含義。

在武俠小說中，大俠經常會找一個山洞或者寺院進行反思、總結、提升，稱為閉關。這在大俠成長的過程中極為重要，可以讓大俠功力增強，境界得到大大提升。圍棋高手下完棋後，通常會將剛剛下的棋重新擺一遍，反思其中的問題，這是圍棋中的復盤。復盤是圍棋高手的必經之路。

在獵豹閱讀法中，把復盤、閉關、啟發、關聯等稱為總結，總結後就是行動。這個過程像不像「以其他事物為發端，引起所要歌詠的內容」的起興呢？

閱讀完核心內容，你有沒有感到精神富足，見識獲得了成長呢？有沒有感到很開心？這叫幸福。

你是不是覺得又發現了新世界、新思維、新流程？這叫幸會。

你還可以把它們借鑒過來用到你的工作中、生活中。用這樣有趣又高效的方式進行閱讀，併產生實用性的收穫，這

叫幸運。

所以，以「幸」代「興」也說得通。

這就是**「茶飯寵幸」4 步法**。

偵察 茶	翻閱 飯	重讀 寵	起興 幸
• 偵察外部資訊 • 找到閱讀原因 • 找到閱讀興趣 • 找到渴望閱讀的篇章	• 鎖定目標內容 • 重點排序優先內容 • 預估時間 • 重點折頁畫線	• 先思考再行動 • 為輸出而閱讀 • 提取、概括重點	• 記錄啟發與行動 • 新發現、新收穫 • 新流程、新借鑒 • 運用到生活中

「茶飯寵幸」4 步法

現在，我們來總結一下：

第一步，偵察。了解閱讀目的，提出問題，透過偵察外部資訊，鎖定閱讀的目標。

第二步，翻閱。翻閱整本書，帶著問題去找答案，去做一些折頁和標記。這個過程就是快速**翻閱**，找到和目標有關的點在哪裡，迅速圈出來、折頁。看看有沒有新的感興趣的點，如果有也挑出來，也做好折頁和標記。

第三步，**重讀**。從第二步圈出來的內容中，挑選重點進行閱讀。也就是重新回到「案發地」，詳細閱讀重點內容。如果內容多，可以排一下先後順序，先讀哪個部分，後讀哪個部分。如果中間有新的打破我們認知的內容，可以記錄下來。

為了便於記憶，心智圖採用合併內容的方式呈現。這一步的重點是為了輸出而閱讀，用輸出倒逼輸入。

第四步，**起興**。就是關聯與行動。這一步，不僅在內容上要建立心智圖的關聯線，還要去思考透過閱讀你想到了什麼、新發現了什麼，驚訝的地方和感慨的地方，支援的觀點和反對的觀點，你會如何行動，這些都可以寫到這裡面。做到閱讀有思考，思考有角度，行動有依據。

當然，在整個閱讀過程中，別忘記時間管理。告訴自己，要先解決當下的問題，完成首要目標。如果對於這本書，你的問題已經解決了，還想繼續閱讀，後面找時間再讀，別讓大腦一直留在這裡關注當前無須馬上解決的問題。

在閱讀中，期待我們能夠終身學習，細水長流一直向前。人生的最大樂趣，莫過於克服困難，堅定腳步，目睹自己將目標一一實現。

願你帶著內在驅力持續向前。你所爬的，不是吉力馬札羅山，而是你心中渴望的那座山峰。

「7 個問題」公式法──快速閱讀文學作品的技巧

我們平時閱讀的書籍,無外乎分為非虛構類書籍和虛構類書籍兩種,非虛構類書籍主要包括實用類和理論類書籍,虛構類書籍主要包括文學作品,常見的文學作品有小說、散文、詩歌、戲劇等。

我們每個人幾乎都讀過文學作品,小時候我們閱讀寓言、童話,青少年時閱讀小說、散文。上學時,老師在課堂上教我們如何去分析、欣賞各種文學作品,但那個時候可能我們的學習重心都放在了如何應付考試上。等到我們開始主動閱讀時,仍然面臨著如何去選書、如何讀書的問題。

獵豹閱讀法針對如何閱讀文學作品提出了建議和方法,希望能夠幫助到大家。

文學作品以語言為工具,以各種文學形式形象地反映生活,表達作者對人生、社會的認識和情感,以喚起讀者的共鳴,給人以藝術享受。生、死、愛,是文學藝術的 3 大永恆

主題。詩歌、散文、小說、劇本、寓言、童話等，都屬於文學作品的不同表現形式。

古今中外的文學作品很多，近年來網路文學也很流行，市面上可供選擇閱讀的文學作品可以說是浩若煙海，但是良莠不齊。有的作品格調低下、文學品位不高、黑暗血腥，對青少年的人生觀、價值觀構成錯誤引導，貽害無窮，所以家長一定要做好把關工作，把優秀的文學作品推薦給孩子閱讀。

優秀的文學作品，應帶給人啟發，給人一種精神上的激勵，或者說能夠為人帶來一些思考，帶來一些有用的東西。

笛卡爾說，讀一本好書，就是和許多高尚的人談話。

文學名著是文學史上經過歷史沉澱和考驗的經典之作，是文學的精華。每部文學名著，就是一個豐富的世界，一個浩瀚的海洋，一個茫茫的宇宙。所以，青少年讀書，就要讀名著。

首先，閱讀文學名著能夠激發孩子的想像力。

想像力是創新能力的核心和關鍵，因此培養想像力是青少年特別重要的任務。

在作家的筆下，古往今來，天南海北的奇人奇事、奇景奇境，無不插上了想像的翅膀。在讀《封神演義》時，看到作品里的人物會飛，有千里眼、順風耳，無所不能，我們不

得不佩服作家的想像力。

我們欣喜地看到，隨著科技的發展，望遠鏡代替了千里眼，手機和電話代替了順風耳，飛機和航太器代替了翅膀。但就人類的想像力而言，對《封神演義》的想像在先，科技發展在後。

從素質教育的角度來說，特別是優秀的文學名著，更具有高度的想像力，孩子如果經常欣賞文學名著，非常有利於其想像力的發展，這對於培養孩子創新思維具有重要意義。

其次，閱讀文學名著能夠提升孩子的審美能力、觀察力和思辨能力。

在閱讀名著的過程中，需要觀察和分析人物形象、情節發展、語言運用等方面，這有助於培養孩子的審美意識和觀察能力。

名著往往具有深刻的主題和豐富的思想內涵，孩子需要運用自己的思辨能力去理解和評價這些思想，同時透過想像和聯想來填補故事情節的空白。

除此之外，閱讀文學名著還可以拓展孩子的視野和知識面。名著通常涉及歷史、文化、社會、人性等方面，孩子可以透過閱讀名著了解不同領域的知識和思想。

最後，閱讀文學名著有利於豐富人生經驗。

由於社會實踐的局限性，我們不可能參加所有社會實踐，因此閱讀文學名著就是漸漸了解人生和社會的重要途徑。文學名著作為連結讀者與社會的重要橋樑，客觀上為讀者建立了理解社會人生的平臺。

　　閱讀文學名著的審美經驗證明，優秀作品對讀者來說除了具有美感薰陶和認識作用以外，還具有精神激勵、情感薰陶、借鑒反思和明理言志等效應。

　　如果我們了解文學作品內容創作的基本知識，那麼在閱讀作品的時候，更容易理解作者如此描寫的用意，更清楚地理解作品的主題。

一、文學作品與生活的關係

　　俄國文藝理論家車爾尼雪夫斯基（Chernyshevskiy）有句名言：藝術源於生活，又高於生活。文學作品也是如此。

　　沒有生活原型或者現象，就沒有藝術創作的源頭和靈感。也就是說，生活中的點滴小事或者發生過的事都是藝術素材的提供者和原型。

　　作家的貢獻，就在於透過藝術手段對作品進行加工，用

精鍊的語言進行描述，用渲染、誇張、集中矛盾等方式對故事情節進行描繪，使一本小說或者其他形式的文學作品更加生動、耐人尋味。

二、創作與借鑒的關係

俗話說：「自古文人都是賊，天下文章一大抄。「這裡的」抄「不是抄襲，而是寫作中的一種非常高級的手法──借鑒。

借鑒的內容，主要是他人的思想立意、創新、結構形式、內容材料、語言表達等，借鑒手法的優勢在於能夠快速獲取內容素材、新觀點和新思想，便於激發自身的創作靈感。比如，《小公主》（*A Little Princess*）是伯內特（Burnett）借鑒了《灰姑娘》中的一些片段所創作的小說。

有的文學作品之間其實有著千絲萬縷的關聯。你總會從一部作品中找到另一部作品的影子。尤其當你的閱讀量越來越大的時候，還未開卷，你甚至能從署名中推測出作者可能怎麼寫，會帶著好奇去看作者是如何演繹的。當你看到這些著作之間的聯繫，你的理解會變得更加深刻，故事的意義也會更加豐富，這時你對新作品和舊作品都會有全新的認識。

當然，借鑒要把握好，要能夠達成創造性轉化、創新性發展，否則，就可能變成抄襲，失去創作本來的意義。

三、小說之中的環境描寫是隨意的嗎？

我們在看影視劇的時候會發現，導演經常會透過景物來渲染人物情緒，推動故事發展。

譬如在電影《我不是藥神》中，程勇和夥伴們決裂時的那場戲，外面就一直下著雨。而這場雨渲染了一種悲傷的氛圍，同時表達出了每個人的情緒——憂傷、悲憤。

其實，文學作品也是一樣的。

> 查理斯·狄更斯在《聖誕頌歌》的一開頭，就讓倫敦街頭霧氣騰騰，為故事發展做鋪陳。
>
> 《莎士比亞十四行詩》中第 73 首描寫的秋天，成功讓讀者感受到了作者在表達衰老，有一種暮年將至的感覺。
>
> 在《祕密花園》中，主角瑪麗的人生也隨著環境的改變發生了巨大的變化。

所以在文學作品中，作者關於自然的描寫、場景的描寫都是有目的的，有助於讀者走進人物的內心世界，理解人物的命運走向。

四、人物外形的塑造重要嗎?

你有沒有想過:

為什麼哈利‧波特的額頭上有一道疤痕?

為什麼《鐘樓怪人》的卡西莫多是一個天生醜陋的人?

為什麼《珊瑚島》中的菲力浦眼睛會失明?

在文學作品中,人物的每一道疤痕、每一次受傷,都有自己獨特的文學意義。

卡西莫多用他醜陋的外表告訴世人,雖然他看似魔鬼,實際上卻是真正的英雄。而身邊正常外貌的人卻自私殘忍,與魔鬼無二。

除此之外,我們還可以從文學作品中了解當時的政治背景,只有讀懂文學作品背後作者的真正用意,才能真正地達到閱讀的目的。

了解並熟悉文學作品慣用的結構和模式,有助於我們更清楚快速地閱讀文學作品。

每個故事有它自己的模式，這些模式一般都是從那些偉大的文學作品延續而來的。那些偉大的作品，因為故事講得好，歷久彌新，為後世作家所借鑒，一直到現在都是這樣。

如果讀懂了那些經典書籍，熟悉了那些典型的故事模式，此後再讀其他書籍，就會事半功倍。

一個好的文學作品的內在邏輯，可以概括為「7個問題」公式：

問題 1：目標——主人翁的目標和任務是什麼？
問題 2：阻礙——主人翁追求目標時遇到了哪些困難？
問題 3：努力——主人翁是如何努力的？
問題 4：結果——努力後，主人翁仍然面臨什麼結果？
問題 5：意外——發生了什麼意外事件？
問題 6：轉折——意外事件帶來的情節轉折是什麼？
問題 7：結局——最後的結局是什麼？

「7個問題」公式，提煉一下就是：
目標—阻礙—努力—結果—意外—轉折—結局。

讀懂文學經典

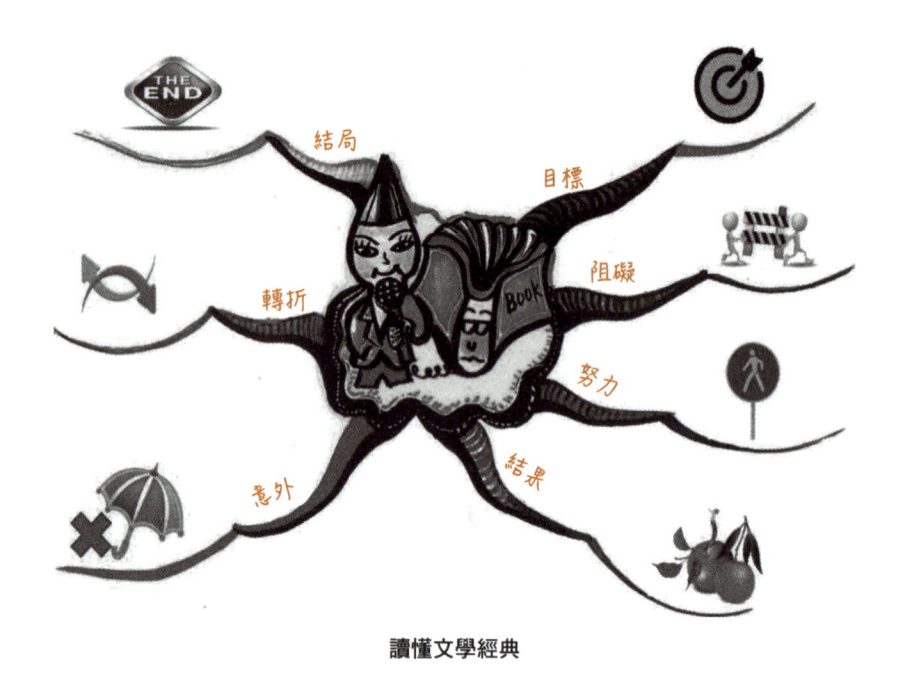

讀完一本書時，要清楚這本書的基本架構是怎樣的，能以「大綱」「模型」的形式展現出來，並能用自己話分享給他人，才算完成。

閱讀時，大家可以採取我們前面提到的閱讀方法，認真閱讀，感受經典文學作品的魅力。

美國作家喬治・塞爾登（George Selden）的童話小說《時代廣場的蟋蟀》（*The Cricket in Times Square*），主人翁柴斯特是一隻被無意間從康乃狄克州鄉下帶到紐約時代廣場

地鐵站的蟋蟀,故事講述了它在紐約時代廣場生活的奇妙經歷。

在2019年世界心智圖暨快速閱讀錦標賽全球總決賽上,《時代廣場的蟋蟀》被選為比賽4大專案之一的「快速閱讀一本書」專案的閱讀材料。

下面以《時代廣場的蟋蟀》為例,用「7個問題」模式來閱讀這部世界著名童話,可以很快得到以下結果:

目標

蟋蟀柴斯特的目標,是接受命運的安排,儘快適應在時代廣場地鐵站的生活,或想辦法回到老家鄉下。

阻礙

不知道如何回到鄉下。
也不知道如何在城市裡生活。

努力

接受了時代廣場地鐵站書報攤的小主人瑪利歐的收留。和老鼠塔克和貓亨利成為朋友。

結果

因為一系列意外,比如夢中吃掉了瑪利歐家的紙幣,舉

行派對時發生火災,所以瑪利歐的媽媽不喜歡小蟋蟀,小蟋蟀面臨不好的處境。

意外

蟋蟀柴斯特在音樂方面的天賦被發現。

轉折

蟋蟀柴斯特的音樂,改變了瑪利歐的媽媽對它的態度,舉辦的蟋蟀音樂會在紐約市大出風頭,也改善了瑪利歐家的生活條件。

結局

蟋蟀柴斯特因為懷念家鄉,最後在老鼠塔克和貓咪亨利的幫助下,回到了康乃狄克州鄉下。

我們可以用一張心智圖進行輸入:

（心智圖：時代廣場的蟋蟀）

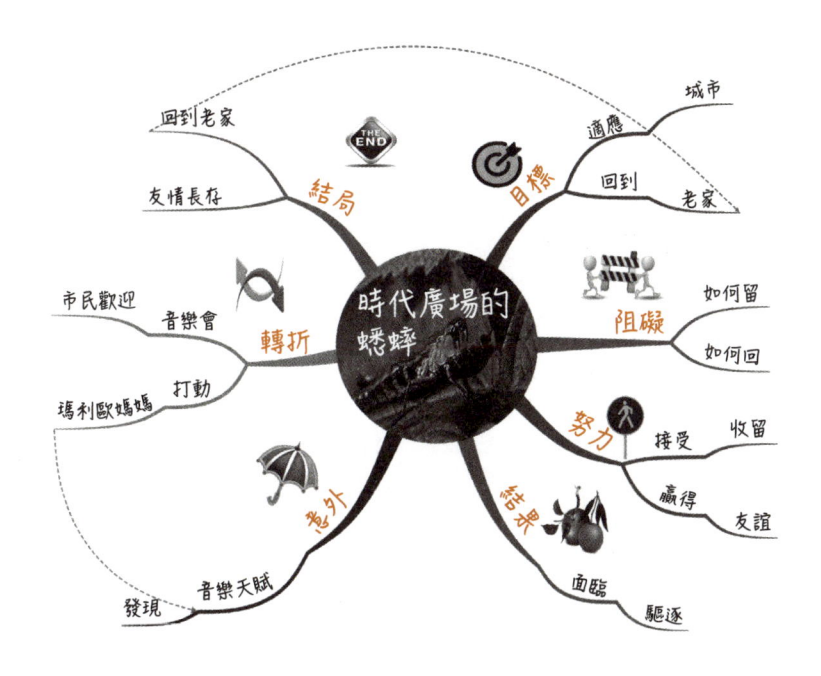

- 結局
  - 回到老家
  - 友情長存
- 目標
  - 適應 — 城市
  - 回到 — 老家
- 阻礙
  - 如何留
  - 如何回
- 努力
  - 接受 — 收留
  - 贏得 — 友誼
- 結果
  - 面臨 — 驅逐
- 意外
  - 發現 — 音樂天賦
- 轉折
  - 音樂會 — 市民歡迎
  - 打動 — 瑪利歐媽媽

　　記住，**閱讀能力 = 既有知識儲量 × 閱讀技巧**。當你開始熟諳這些套路之後，在閱讀文學作品時可以變得遊刃有餘。

社會化閱讀法──讀書會

前面我們已經學習了多種閱讀方法，還學習了如何快速閱讀文學作品。現在你需要做的就是展開行動，開始讀書。不僅自己要去行動，還要帶動身邊的人展開行動。

從某種意義上說，閱讀是一件私人化的事情，一個人讀書與不讀書，是自己的事情，至於讀什麼、怎麼讀，完全可以尊重內心。

但是閱讀也是一件社會化的事情。

從大的角度講，一個具有良好讀書環境和讀書氛圍的社會，可以帶動大多數人參與閱讀。

從小的角度看，閱讀就像吃飯，一個人吃飯，食物再美味，也不免有些孤單。如果一桌子人一起就餐，談笑風生，往往食量會大增。閱讀也是如此，共同讀書不僅可以進行情感交流，還可以進行學問切磋。自古以來，讀書人就有雅集聚會，進行社會化閱讀的傳統。

現在，社會上讀書活動很多，家庭閱讀、校園閱讀、組織內閱讀，各種讀書活動層出不窮，就連企業家們的聚會也不再是喝著咖啡聊著天，一種提高聚會品質的「私董會」企業家學習形式正在流行。

很多時候，為了閱讀聚會，收穫的不只是閱讀，而是遠遠超過閱讀本身的思想啟迪和精神提振。

除了社會上的讀書活動外，對個人而言，家庭內部的讀書活動可能是最有價值、最有意義的。

在家庭中構建良好的文化氛圍，對於提升家庭成員的文化素養具有特別重要的意義。古代「耕讀傳家」「第一件好事還是讀書」的傳統，都證明讀書在中國家庭裡的重要意義。但是我們正處在資訊多元化的時代，養成一個良好的閱讀習慣愈發困難。

怎麼辦？

理查・喬根林（Richard Jorgensen）的繪本《和爸爸一起讀書》（Reading with Dad），講的是一個家庭閱讀的故事。作者是一個已為人母的女性，她從女兒的角度，講述自己的父親如何在她小時候和她一起讀書的往事。現在，她也和女兒一起讀書，年邁的老父親慈祥地看著他們讀書，整個家庭滿是融融溫情。

我在孩子尚未出生時，就開始為他讀書。出生之後，在他身上發生了一件神奇的事，幼小的他無論何時哭，只要指漢字給他看，他都會瞬間停住，看完後就會笑。他兩三歲的

時候，外出時非常喜歡指認街道兩邊招牌上的漢字，那時他已經能認上千個漢字了。

為孩子打開書，就是把一個世界帶到了他的面前，就是把一份愛意帶到了他的心裡，就是把一種生活方式植入了他的未來。

在孩子七歲半之前，我從未漏過一天給他讀繪本。在他上學之前，他已經愛上了閱讀，養成了讀書的好習慣，而我從沒跟他說過「你去看書吧」。2022 年的暑假，他就閱讀了 20 多本小說。

他非常喜歡與家人和朋友聊書，認識的深度和廣度也經常讓人出乎意料。

培養閱讀習慣，不是按著孩子的小腦袋去閱讀，而是用沉浸的辦法讓他養成習慣。這種親子閱讀、家庭共讀的良好氛圍，對孩子的成長、對家庭關係和諧都有著不可估量的價值。親子閱讀、家庭閱讀，不僅是知識的交流，更是情感的交流、價值觀的傳遞。

因為對讀書的熱愛，我們有了更多溫馨的親子時光，我和孩子都從中受益。

親子閱讀，針對不同年齡、不同性格的孩子，可以有不

同的方法。在閱讀時，要留意孩子的閱讀特點，讀有插圖的書，可以選擇有趣又和當下有關聯的書，不用急著換新書，可以重複閱讀經典。

在親子閱讀過程中，父母要成為細心的觀察者，無論是對書的觀察，還是對孩子的反應，既要引導孩子、提出問題，又要耐心傾聽、欣賞孩子的觀點。

在孩子小的時候，要培養家庭的閱讀氛圍，並注重讀書的儀式感。

實踐證明，家庭讀書會是開展家庭共讀、親子閱讀的一種很好的形式。比如組織週末家庭讀書會、假日家庭讀書會、中秋月圓家庭讀書會等，可以根據具體情況進行不同的主題閱讀。

開展家庭讀書會有如下好處：

第一，家庭成員之間相互學習知識，擴展視野。

第二，培養良好的閱讀習慣，在交流中激發思維，培養終身學習的習慣。

第三，鍛鍊表達力、傾聽能力以及展示自我的能力。

第四，提升閱讀理解力、朗讀能力、評價能力。

第五，發現家庭成員在平時生活中看不到的優點，也可以透過讀書會更利於引導彼此成長。

如何組織一場家庭讀書會呢？可以有很多種方式，以下提供一個基本的家庭讀書會流程。

第一步，前期準備工作。

1. 設計海報和邀請函（家長可以和小朋友一起設計海報、製作邀請函）。
2. 確定閱讀內容（選擇適合家庭閱讀的書籍，要根據小朋友的年齡選擇合適的主題）。
3. 準備茶點（準備孩子愛吃的東西，增加家庭讀書會的儀式感）。
4. 布置會場（可以選擇客廳或者書房，大家一塊布置，重點不在於讀，而在於過程，氛圍宜溫馨、整潔、不淩亂）。
5. 準備音樂（讀書會前後可以準備兩首不同的音樂，開場前適宜輕音樂，結束時適宜歡快的音樂）。
6. 確定主持人（安排有經驗的人，或者抽籤決定，讓所有人都有參與感）。

第二步，讀書分享。

主持人宣布家庭讀書會開始，參與者按照順序分享讀書主題。分享的形式，可以是朗誦，可以是講述，也可以是圖

文並茂地說明，還可以提前準備 PPT 或小影片。分享的形式不限，根據內容而定。

誠邀您參加《哈利・波特》書香茶會

時間：2020 年 8 月 26 日 地點：書房／客廳
閱讀書目：《哈利・波特：神奇的魔法石》

節目內容：
1. kevin 以迷人的聲音朗誦故事中最精采的片段。
2. 爸爸客串演出書中「魁地奇球賽精采實況報導」片段（自己加搞笑臺詞）。
3. 媽媽布置場景並準備令人垂涎的點心。
4. 爺爺精心準備一本值得永久收藏的書作為禮物送給大家。
5. 每個人準備一張愛心卡為本次讀書會寫感言。
6. 共唱我們熟悉的歌，慶祝書香茶會圓滿成功。

節目精采，不容錯過（有冷氣開放）。
歡迎您準時出席

邀請人：kevin
日期：2020 年 8 月

讀書會邀請函範例

建議大家將準備分享的內容提前製作成心智圖內容卡，可以有效幫助我們去分享。

在分享過程中，人人平等，要學會聆聽與尊重，在他人分享時不能打岔，要學會鼓掌與真誠地讚美。如果覺得對方分享的內容需要探討，可以先記錄下來暫且放到一邊，等分享完畢，再進行探討。探討時，允許每個人有獨特的見解，不做批評。

讀書會的重點是，與其他人分享書的核心要點以及自己的認識和感受，不在於去辨明觀點的對錯。

第三步，記錄總結。

所有人都分享完成後，請大家在自己分享所用的心智圖卡片背後寫上聆聽的感受。主持人對本次讀書會做簡單總結，多多鼓勵，提出期望。如果有可能，宣布下一期讀書會的主題和時間。

家庭讀書會結束後，由爸爸或媽媽將本期家庭讀書會的情景和收穫，以圖文並茂地形式的整理下來，或者製作一份精美的 PPT，供大家留念回味。

下面就是我在 2019 年春天召集主持的一次家庭讀書會的記錄，分享給大家。

《俗世奇人》家庭讀書會

一年之計在於春。萬物生長的三月，屬於春天、生命與讀書。

春節後，天天的爸爸提議每月舉行一次家庭讀書會，天天和媽媽欣然同意。

天天推薦第一期全家共讀馮驥才先生的《俗世奇人》，這可是他最愛的書之一。

說開始就開始，第一期讀書會的時間就定在3月2日，一個週六的晚上。

第一次讀書活動很重要。媽媽提前做了功課，制訂了詳細的活動流程，並提前與爸爸和孩子溝通，徵求意見。

轉眼週六到了，媽媽提前在長桌上擺好了各種水果和精緻的點心，放好由天天提供的《俗世奇人》，當然還有爸爸愛喝的一壺好茶。牆上貼著為讀書會準備的小卡片，一張寫著「傾聽彼此和鼓勵理解」，一張寫著「貢獻你的想法，吐露你的心聲」。桌旁開著橘黃色的落地燈，房間布置得雅緻、溫馨，營造出濃濃的閱讀氛圍。

在媽媽心裡，讀書可是認真的事，不可輕慢。

馮驥才的《俗世奇人》有兩本，每本 18 篇，以清末天津市井生活為背景，每篇專講一個傳奇人物的生平事蹟，素材均收集於長期流傳津門的民間傳說，故事生動有趣，惟妙惟肖，人物躍然紙上，令人驚歎不已。

第一期讀書會的模式，就是讀書、分享、探討。每個人先朗讀一篇書中的文章，讀完後跟大家分享一下自己的心得感受，其他人可以與其探討、提問。

天天讀第一篇〈蘇七塊〉。蘇七塊可是一位講究「規矩」的傳奇正骨醫生。天天讀文章的時候模仿天津話，聲情並茂，惟妙惟肖，令人忍俊不住。天天這天津話可是跟著「喜馬拉雅」App 裡的「花

生粥」學的,天津味兒十足,很不錯。

接著媽媽讀〈刷子李〉。〈刷子李〉講述了一個手藝極高的粉刷匠的故事。媽媽當時正好練習發音技巧,在朗誦時,有板有眼,字正腔圓,底氣十足,聲聲入耳,使得聞者不自覺地凝神靜氣。

爸爸讀第三篇〈酒婆〉。酒婆是一個孤苦無助的老婆子,愛喝酒、不賒帳。在首善街酒店老闆賣假酒時,酒婆沒出事,老闆開始賣真酒時,酒婆卻遭遇慘事。爸爸讀書時,吸收了說書人的技巧。根據小說文風和人物性格特徵,對文章進行了表演和發揮,注重口語化,半讀半說,自成一格。

讀完後,爸爸、媽媽和天天都分享了自己的讀書感受,並與他人進行了探討。大家又針對這次讀書會提出了自己的意見和建議,便於下次讀書會的呈現。最後,媽媽進行了總結發言。

讀書浸潤心靈,閱讀點亮人生。家庭讀書會,不僅在於讀書本身,更在於家人精神上的交流和溝通成長,是彌足珍貴的親子時光。

媽媽表示,等時機成熟的時候,還要邀請其他小朋友一起來參加我們的家庭讀書會。

一次愉快的家庭讀書會結束了,希望下次讀書會更美好。

親愛的讀者朋友,快展開行動與家人、同事或朋友組織一場讀書會,一起讀書吧,你會收穫更多!

05

技能進階
快速打通一個領域

- 主題閱讀
- 文章主題閱讀法
- 書籍主題閱讀法
- 主題閱讀之最小行動

📖 主題閱讀

據說,微軟創始人比爾‧蓋茲為了搞清楚某個問題,至少讀 5 本書之後,才會對這個問題發表自己的看法。

在朋友圈,經常聽說有每年閱讀量達幾百本的閱讀達人。他們不只是閱讀,還能用心智圖將每本書的重點進行輸出,就某個主題進行文章分享。這是不是很厲害?有的人不相信這是真的,然而這卻是事實。那他們到底是用什麼方法做到這一點的呢?

實際上,他們都是在用一種叫主題閱讀的方法。

主題閱讀這個詞,有的人會覺得有些陌生。事實上,主題閱讀在生活中無處不在。

在生活中遇到一個自己不懂的問題,你會怎麼辦?

上網搜尋資料、請教朋友,將這些意見和看法進行綜合評價後,結合具體情況和實際需求做出判斷,是我們慣常的做法。

如果我告訴你,這也算主題閱讀,你可千萬不要驚訝。

兩者的區別在於,剛才的例子是就一個問題橫向展開向多人請教,收集解決問題的方法,而主題閱讀是就同一主題,向多本相關書籍請教,來幫助自己解決問題,使自己獲

得成長。尋求解決問題的物件，不再是人，而是書籍，這就是主題閱讀。

主題閱讀是當我們對某一主題產生興趣時，為了弄懂這個主題的內容，用一段時間集中閱讀相關領域的多本書籍、多篇文章，以獲取這個領域的知識，並對其深入了解和掌握。

這個世界遠比我們想像中的複雜，而我們對世界的認知是一個過程，當我們認知不夠的時候，我們需要獲取更多的資訊資料來認識世界，從複雜的表像背後提煉出基本邏輯，並進行精減處理。

當我們對一個主題沒有任何知識儲備的時候，只靠看一本書去了解，不僅速度慢，在理解上也會有局限性。如果多看幾本，不僅讀起來一本比一本速度快，理解也更全面，正所謂「書讀百遍，其義自見」。

當你閱讀了同一主題的多本書以後，你再看到類似的新書，一看目錄就知道這本書對你而言有多少新知識了，閱讀這本新書的速度也會更快，理解更好。

美國學者莫提默・艾德勒（Mortimer J. Adler）在其成名作《如何閱讀一本書》（*How to Read a Book*）中，將閱讀

依次由低向高分為基礎閱讀、檢視閱讀、分析閱讀和主題閱讀 4 個層次。他認為，主題閱讀是閱讀的最高層次，也是閱讀的最終目標。

基礎閱讀和檢視閱讀相對來說簡單一些，但分析閱讀和主題閱讀，很多人可能都沒有嘗試過。這裡，先給大家簡單介紹一下這 4 個層次的閱讀。

第一個層次：基礎閱讀

基礎閱讀是一切閱讀的基礎。基礎閱讀只需要有基本的識別能力，有能讀懂一篇文章的水準即可進行。如果這個水準都達不到，很難達成其他層次的閱讀。

我們在前面就談到，快速閱讀是建立在識別之上的，沒有基本的識別能力，沒有一定的詞彙累積，是無法快速閱讀的。一般來說，九年級（初中畢業）的孩子基本上都擁有基礎閱讀能力。

第二個層次：檢視閱讀

檢視閱讀強調時間和效率，能夠快速瀏覽了解書的基本資訊，確定這本書要不要讀。

檢視閱讀主要回答兩個問題：

第一，這本書想要解決什麼問題？

第二，作者用什麼證據來支撐他的主張，也就是如何說的？

如何進行檢視閱讀呢？

看書的週邊資訊：封面、封底、目錄、序言等部分的資訊。這些對於經過高效閱讀訓練的你來說，是不是感到非常容易呢？是的，它非常簡單。

這個方法其實非常有趣，你可以現在就去找 3～5 本書，讀幾遍書的週邊資訊，**檢驗**一下自己是否能知道那本書想要解決什麼問題，能否用一句話描述出來；**檢驗**一下自己是否能知道作者用什麼證據來支撐他的觀點，能否說出 3 點。

如果能做到這些，那麼恭喜你，你已經學會了檢視閱讀。

第三個層次：分析閱讀

與檢視閱讀不一樣，分析閱讀是一種精讀，是要在全面閱讀的基礎上，分析作者的觀點，並能做出評價。

分析閱讀的重點，是掌握書的「核心內容」，即弄清楚作者是圍繞什麼來支撐自己的觀點的，並在閱讀完畢之後對

這本書作出評價。

在這個階段，我們可以進行如下操作：

第一步，快速識別文本類型。看這本書是寓言故事、歷史題材、虛構類小說還是工具類書籍，分析類別有助於運用高效的閱讀方法。

第二步，檢視閱讀。檢視閱讀的方法如上所述。

第三步，詳細閱讀核心內容。看看作者的主要觀點是什麼，要對主要觀點進行詳細閱讀，其他地方略讀。獵豹閱讀法的核心是瞄準重點，區分主次。別忘記前面的訓練，如何找重點段落、核心句、核心詞和關聯案例。

第四步，用心智圖輸出核心內容，梳理邏輯關係。透過詳細閱讀，你已經理解了作者對主要觀點進行的論述和證據支撐。透過心智圖的呈現，可以看到全域與各要素之間的邏輯關係，更清楚地理解核心內容與文本結構，認識作者是如何解決問題的。心智圖輸出的實質，是把書的核心內容進行咀嚼、消化。

第五步，關聯與評價。閱讀是否成功，不僅在於快速、

高效讀完一本書，更重要的是學以致用，並讓知識形成體系。

因此，我們需要將閱讀的內容進行關聯：

由這本書聯想到其他作者、其他書。
由創作背景聯想到人物的命運與歷史的進程。
由書的內容聯想到自己的生活、工作、過去的經歷、當下的狀態。書中有哪些富有哲理、直指人心的句子，有哪些驚豔的描寫。
如何評價這本書，如何看待書中的人物和作者的觀點，哪些贊同，哪些反對。
對自己有什麼啟迪，哪些值得學習，哪些需要摒棄。

關聯過往，才能更好地找到方法面對未來。關聯是開放的，以上列舉的關聯，不是所有都要進行。

所以，**我們用心智圖進行輸出時，一定要留白一個主幹，用來寫感悟、寫關聯、寫行動、寫評價，讓這個主幹為自己所用。**

如上所述，分析閱讀包括識別文本類型、檢視閱讀、閱讀核心內容、內容輸出、關聯與評價 5 個步驟。分析閱讀的

目的是尋求更好的理解,在時間上沒有限制,但如果運用高效的閱讀技巧,仍會幫我們大大節約時間。

第四個層次:主題閱讀

主題閱讀是一種聚焦同一主題,在一定時間內閱讀大量書籍的方式,它可以有效避免零散閱讀所造成的易遺忘、重複思考而不深入等問題。

在短時間內大量閱讀相關內容,可以有效加深記憶,多角度、更全面地理解同一主題。最重要的好處是,當完成閱讀之後,可以有效地形成框架性思考,非常利於將書中內容應用到實際中來。

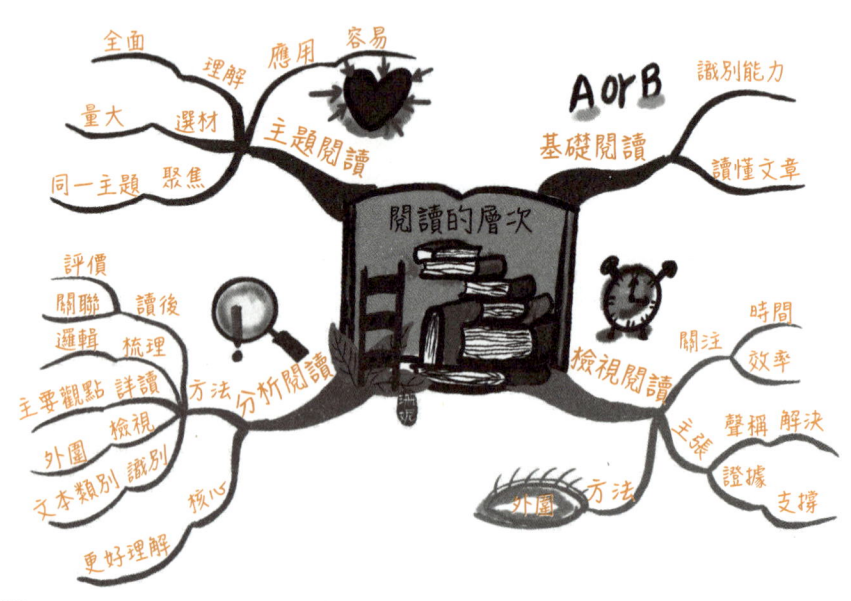

進行主題閱讀之前，需要先設置一個問題，或者設置一個目標。

舉個例子，如果我想學習如何理財，讓自己的財富在 5 年內快速翻一倍，那就需要找很多關於如何讓財富增值、保值的書來閱讀，如班傑明‧葛拉漢（Benjamin Graham）的《證券分析》（*Security Analysis*）、華倫‧巴菲特（Warren Buffett）的《巴菲特寫給股東的信》（*The Essays of Warren Buffett*）、查理‧蒙格（Charles Munger）的《窮查理的普通常識》（*Poor Charlie's Almanack*）、李錄的《文明、現代化、價值投資與中國》、但斌的《時間的玫瑰》、王洪的《林園炒股祕笈》等書。

每個作者都會在書中介紹他的經驗和教訓。透過對這些資訊的分類與整合，我們會發現這些書的核心是什麼，相同點、不同點、矛盾點和互補點是什麼，綜合之後便能找到適合自己的方法。

這是先設置一個問題，然後再進行主題閱讀。

再如，我希望自己半年內透過科學方法減重 15 公斤。這時就要閱讀健身方面的書，閱讀科學飲食、科學睡眠等方

面的書。

透過閱讀相關內容，對資訊進行分類與整合，我會發現這些書的相同點、不同點、矛盾點和互補點，最後綜合多本書的核心得到適合自己的一套科學減重方法。

這是先設置了一個目標，然後再進行主題閱讀。

記住一句話，無主題，不閱讀。

閱讀主題的選擇，視自己的需求而定。記住，**主題閱讀的目標，是高效地解決問題。**

如果你想學習演講，就要列出一份與演講有關的書單，比如《演說之禪》《深度說服》《TED 演講的祕密》等。

如果你想研究個人的天賦，可以找與天賦相關的書單，譬如《讓天賦自由》、《高敏感是種天賦》、《發現你的天賦》等。

我曾經對禪繞畫非常感興趣，於是就購買了很多本與禪繞畫相關的書，一邊閱讀一邊練習，前後畫了上千張禪繞畫。在關於禪繞畫主題的閱讀中，我不僅獲得了內心的寧靜，感受到生命的美好，而且掌握了一項禪繞畫的繪製技能與心法，可以跟朋友去分享。

後來，我對心智圖這個學習工具很感興趣，於是我在網際網路、書店裡搜尋有關心智圖的一切資訊，了解到心智圖的創始人——來自英國的東尼・博贊大師，了解到國內心智圖領域的達人，如長期從事心智圖教育的姬廣亮老師、華人心智圖第一人孫易新老師、中國第一位世界心智圖冠軍劉艷老師等，知道這些前輩們多年來對心智圖的推廣、教育工作，改變了很多人的命運，幫助了很多人實現夢想。

我非常崇拜這些心智圖領域的前輩們，同時對心智圖這個工具充滿了好奇，非常期待自己也能掌握這個神奇的工具，於是就購買了與此有關的大量書籍進行主題閱讀。

在學習心智圖期間，我深刻感受到，主題閱讀就像同時和一群優秀的老師們在進行一種類似於「Seminar」（研討式教學法）的教學活動，我同時在與這群前輩和達人們進行交流、學習。因為對同一主題，不同的老師會有不同的觀點，這些觀點互相激發、碰撞，鼓勵我對同一個主題形成發散性、批判性思考。

在進行閱讀的過程中，我會把書中的觀點，無論是相同的觀點、互補的觀點，還是不同的觀點甚至矛盾的觀點，都圈出來，並用心智圖進行記錄和分析。

就是在這樣的過程中，我對心智圖這個主題有了更加深入、更加體系化的了解，並且形成了自己的認識。

主題閱讀，不僅能幫助我們快速打通一個領域，還能讓我們對事物有更好的認識。

第一，主題閱讀，能幫我們重複過往的知識，以達到深度記憶的效果。

進行主題閱讀時，我們會與某些知識點不斷相遇，只是它們可能換了一種表述方式，但其實說的是同一個內容。不斷地重複閱讀，能更輕鬆地貫通理解和記憶。

由於知識是收斂的，基本上每個領域的知識最後都會收斂到幾個最簡單的原理上。所以，假設我們閱讀了 10 本關於某個領域的書，再假設每本書有 100 個知識點，簡單加起來一共就有 1000 個知識點。

那麼，我們在主題閱讀的過程中，相當於對每個思維模型做了幾百次理解式重複、檢索式重複和間隔式重複。所以，我們自然會取得深度記憶的效果。

第二，主題閱讀能很快幫我們看透事物的本質。

對同一主題進行閱讀，超過 5 本書，就基本能夠看透這個領域的本質，甚至獲得的認知可能比那 5 本書的作者還要深刻。

為什麼這麼說呢？**主題閱讀的本質，就是同時學習多個智者的智慧，然後把所有的智慧統合到一個邏輯體系裡。**

由於世界具有多樣性，知識的生產也會受到條件限制，任何一本書都無法面面俱到，因為每個人都會有認識的盲區，不能夠全面、準確、完整地認識這個世界。

每本書呈現出的內容，猶如瞎子摸象得到的結果。有的智者摸到的是耳朵，有的智者摸到的是大腿，有的智者摸到的是肚子。所以，如果只接受某一個智者的觀察，我們所看到的世界就極有可能是片面的。

主題閱讀的過程，其實就是在用智者驗證智者，用智者批判智者，用智者完善智者。

只要把所在領域的智者全部找出來，然後用心智圖梳理一遍，就能立馬看透這個領域的本質，至少能在認知層面成為那個領域的專家。當然，還需要去實踐，同時打造自己的影響力。

其實主題閱讀從某方面來說比線下課程更經濟、更實用，因為我們既無須支付課程費用，也無須來回奔波，透過靈活的時間安排就能達到事半功倍的效果。

總之，主題閱讀是我們深度構建自己知識體系的有效途徑，不僅能幫我們重複過往的知識以達到深度記憶的效果，還能幫我們很快看透事物的本質。

閱讀能力 = 既有知識儲量 × 閱讀技巧

接下來,我將為大家介紹主題閱讀的方法,包括如何進行文章主題閱讀以及書籍的 3 種主題閱讀法。

文章主題閱讀法

主題閱讀，主要包括文章主題閱讀和書籍主題閱讀。

當然，在這個飛速發展的時代，還會有更多物件可以進行主題閱讀，比如音訊、影片、論文、採訪、調研、圖片、數據等，都可以是主題閱讀的物件。

與書籍主題閱讀相比，文章主題閱讀是我們在日常生活和工作中經常需要做的事情，無論你是否意識到這一點。

譬如，你是一名大學生，期末老師要求你寫一篇某個學科的論文；你是一名上班族，主管安排你搜集某個行業或商品的商業資訊，供公司決策用；你是一名助理律師，合夥人律師接手了某件訴訟案件，需要你去檢索與案件相關的法律法規和參考性案例，供合夥人律師參考；你是一名全職媽媽，需要根據寶寶的體質、年齡和發育階段，為寶寶準備一份營養健康的功能表……

文章主題閱讀，就是在一個時間段內，圍繞某個主題——問題或者目標——收集碎片化的文章，然後進行集中

式閱讀。

透過大量閱讀後，我們就能在短時間內建立起對這個主題的知識體系。

大家有沒有發現，我們之前在進行快速閱讀訓練時，都是單純讀一篇文章，或者單純讀一本書。這種零散的閱讀，當然也能增加知識儲備，但顯然無法快速了解一個領域，打通一個領域更無從談起。

經常聽到朋友感歎：我的閱讀量也不小，但對很多東西好像一直處於一知半解的狀態，既沒有體會到知識的價值，也沒有感受到閱讀的樂趣。

這是怎麼回事？

這是因為你只是在泛泛地閱讀，既沒有目標，也沒有深度，除了消磨時間外，不會有什麼太多的價值。

如何避免碎片化閱讀？

不知道大家有沒有留意到，當你在網上購物或者流覽文章、看影片時，只要流覽過某種商品，網路平臺就會不斷為你推送相同或類似的商品；只要你關注了某個話題，網路平臺就會不斷推送同類主題的文章給你。

那閱讀可不可以如此呢？當然可以。

想全面了解某個主題，可以透過收集、搜尋大量的相關主題的文章，進行集中閱讀，你會取得意想不到的收穫。

我在學習心智圖時，不僅閱讀了心智圖創始人東尼·博贊先生關於心智圖的文章，還閱讀了姬廣亮、孫易新、劉艷等國內心智圖領域眾多前輩們的著作。他們都是透過心智圖完成了自我實現，透過寫作和教學，傳播心智圖學習法，澤被社會。

我帶著渴望去了解了心智圖是一個怎樣的神奇工具，這些前輩有著怎樣的學習動機，透過網路、實體書店等途徑大量查閱有關心智圖，以及這些前輩們與此有關的文章和資訊。他們中有的人的文章能從網上搜尋到，有的人的文章能搜到但資訊卻不多，還有的人的文章在網上搜不到，必須要到實體書店去找。

在集中閱讀的過程中，我不僅了解了心智圖的本質和內在邏輯，而且了解了這些前輩們對同一問題的不同認識和看法。正是透過這樣的集中主題閱讀，我在短時間內對心智圖的知識框架、發展狀況有了較為系統、深入的了解，並在前人的基礎上形成了自己的認識。

我正是在這樣的主題閱讀的基礎上，開始了關於心智圖的學習和教學生涯。

事實上，絕大多數學習都可以透過文章主題閱讀來完成。一個要解決的問題，一個感興趣的話題，一個立下的短期或長期目標，都可以作為閱讀的主題。然後，透過網路搜集相關文章，集中閱讀大量文章，就能獲得對該主題的全面了解。

然後，我們會對透過閱讀獲得的知識用心智圖進行輸出，形成結構化的知識體系。最後，我們還可以將學習成果分享給他人。

經過這樣的一個完整的過程，文章主題閱讀就是成功的、有效的。

在閱讀過程中，要記得把優質的文章收藏起來，可以利用微信中的收藏功能，還可以下載專門的文章收藏工具，如印象筆記、有道筆記等工具，並做好「標籤」分類，在需要的時候這些「智囊團」就能派上用場。

我就是這樣做的。如果我想收集某個主題的文章，就會刻意地去留意相關公眾號的文章，並隨時將這些素材放到我的有道筆記中，久而久之，就形成了我的資料庫。

在閱讀教學過程中，我會給學員布置文章主題閱讀的任

務，每個學員可以自選主題，利用平時工作的間隙時間，運用我在課堂上教授的閱讀技巧，很快就能完成一次主題分享。這就是文章主題閱讀的靈活性所帶來的益處。

現在有很多人做自媒體，我的學員裡面也有很多做自媒體的，我就安排了一期「自媒體如何變現」的主題閱讀並進行分享，下面是其中一個學員的分享和輸出：

自媒體「變現」的 10 大方式

現在是自媒體時代，人人都可以自由創作和分享，但很多人不知道自媒體該怎麼變現。今天我就為大家盤點一下自媒體變現的管道有哪些，希望能幫到大家。

一、稿費

這是自媒體最基本的變現方式，比如向其他帳號供稿，使用文章打賞、付費閱讀功能，這些變現方式微信公眾號上幾乎都有。

二、廣告

不管是平臺官方自帶的廣告，還是第三方接洽的廣告，都是變現的重要方式，比如微信公眾號的流量主計畫、頭條號廣告、商家推廣帶貨廣告等。

三、平臺補貼

為了鼓勵更多作者創作優質的內容，平臺會不定期推出一些活動，比如今日頭條的青雲計畫、大魚號的大魚計畫等。

四、社群付費

社群付費對內容要求比較高，如果你累積了足夠多的粉絲，可以嘗試社群付費的方式，提供一對一諮詢、會員制收費等。常用的 App 有知識星球等。

五、出書

很多編輯會透過網際網路挖掘一些優質內容，聯繫作者出版紙質書、電子書等。

六、電商

自媒體賬號發展到一定階段，有足夠的知名度和粉絲後，可以考慮直播帶貨，銷售周邊的產品、服務，譬如影片號、抖音等，就有很多達人在直播帶貨或開網店等。

七、開課

把優質內容整合後,以付費課程的形式推給粉絲,也是一種變現手段。很多大V透過引流的方式,把微博、公眾號的粉絲引流到「得到」「小鵝通」等App,向粉絲提供付費課程。

八、線下活動

在當地或者粉絲群體比較多的地區舉辦演講、分享會等,比較有名的有樊登讀書會、羅振宇每年的新年演講等。

九、音訊付費

在「喜馬拉雅」App、「荔枝」App上開通付費頻道,我的一些老師、朋友就在這些App上提供「聽書」之類的付費音頻課程。

十、天使投資

大神級別的自媒體可以獲得投資,比如知名網紅「papi醬」的帳號就曾獲得羅振宇等人的投資。

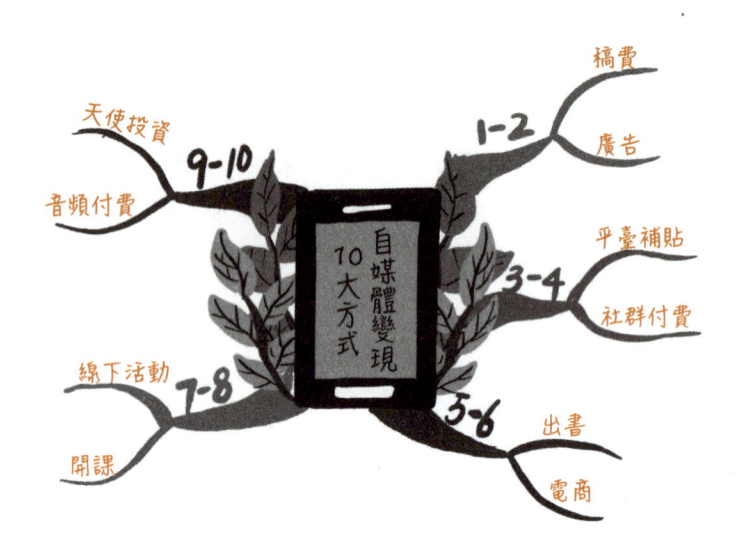

[自媒體變現10大方式 心智圖：1-2 稿費、廣告；3-4 平臺補貼、社群付費；5-6 出書、電商；7-8 線下活動、開課；9-10 天使投資、音頻付費]

　　文章主題閱讀不僅可以幫助我們在短時間對這個主題有全方位的了解，而且操作起來比較靈活，在地鐵上、等人時的碎片時間內都可以進行。對於上班族或者寶媽，這種形式靈活的閱讀，非常適合。

　　最後，我們再來總結文章主題閱讀的流程：

　　第一步，確定主題。對於新手而言，確定主題有點難度，我的建議是如果對某個話題感興趣，就去閱讀相關文章。或者在工作上某一方面需要提升，不妨就從這方面著手主題閱讀，例如如何取公司名，如何進行員工關懷等。

第二步,利用碎片化時間搜尋 20 篇以上與主題相關的文章進行閱讀。可利用百度、微信公眾號、知乎、果殼等進行搜尋。

第三步,形成自己的認識,形成新的主題,並透過心智圖進行結構化輸出。

第四步,與家人、同事或朋友進行分享。

📖 書籍主題閱讀法

就同一主題來說,一本書的容量和深度是一篇或數篇文章遠遠不能比擬的,書中的知識是體系化、結構化的。如果我們想真正打通一個領域,就需要閱讀書籍,而非僅僅止步於閱讀幾篇文章。

本書為大家重點介紹 3 種常用的書籍主題閱讀方法,分別是問題型主題閱讀法、跨界主題閱讀法和反向主題閱讀法。大家可以根據自己的需求來進行選擇。

問題型主題閱讀法

如何使用問題型主題閱讀法進行閱讀呢?

第一步,確定一個主題,或者提出一個問題。

既然是主題閱讀,一定要有圍繞其展開閱讀的主題。選擇主題閱讀,往往源於我們對某個內容不太理解,感到模糊,因此要去弄懂相關內容;或者是對某個事物非常感興趣,有進一步探索的欲望。所以,在一般情況下,我們很清楚我們要閱讀的主題是什麼。

但有時候，一開始時主題可能並不是很清晰，需要我們獲得更多資訊之後才能確定。所以，當我們開始進行主題閱讀的時候，不必一開始就強求自己找到一個清晰的、確切的主題。

當我們獲得足夠多的資訊之後，自然會確立一個主題，可能是我們一開始就明確的主題，也可能是閱讀之後重新確定的主題。

第二步，準備主題閱讀的書單。

確定了閱讀主題後，我們需要圍繞主題列出一份書單。

關於選書，其實只要書中有一點內容和這個主題相關，都可以納入主題閱讀書單。但這樣做顯然是不科學的，因為我們沒有必要，也沒有那麼多時間和精力用在良莠不齊的書上。

面對一個全新的主題時，新手往往不知道哪些書是必讀的、經典的，而哪些書又是可有可無甚至名不副實的。一份優質的書單，可以讓我們快速入門、掌握精髓，避免走彎路、做無用功。

我也曾經為書單而苦惱，而現在，我的學員、朋友會請我幫助他們列書單。實際上，沒有一份完美的書單剛好滿足你的需求，因為只有你才知道自己的喜好，只有你才了解本次主題閱讀所要解決的真正問題。

我們需要掌握準備主題閱讀書單的技能，以下是一些常用的方法：

第一，在網上搜尋。百度、知乎、豆瓣都有優質的書籍推薦文章，任何一個主題都有一系列的推薦書單。豆瓣上還會對書進行評分，一般來說，7分以上的書都是不錯的，如果達到8分以上內容就不會差了。可以在網上對推薦的書進行初步了解，篩選後再決定購買哪些書進行主題閱讀。

第二，在閱讀類的公眾號或者簡書上搜尋。這裡面經常會有愛讀書的人發布書單，尤其在每年世界讀書日的前後。千萬別錯過一些有關讀書的文章，文章的後面說不定就有一系列不錯的書單。

第三，請老師或朋友推薦。如果你認識的老師或熟悉的朋友是某個領域的專家，那麼他推薦的相關領域的書一定錯不了。

第四，順藤摸瓜，以書找書。現在很多書都是以系列形式出版的，這類書的封底或書腰，經常會有相同主題、同一系列或同一作者的書的推薦，我們可以順著該線索發現更多的書，直到找到我們想要的書為止。

還有一些書的附錄上，會列出作者寫作時的參考書目，這些書中或多或少會有圍繞該主題展開的內容。我在本書中提到心智圖領域的前輩們，他們都有自己的著作，搜尋他們的名字就能很快找到相關主題的書。

第五，去實體書店尋找相關書籍。我喜歡逛書店，鍾書閣、誠品書店、蔦屋書店都是經常去逛的地方。在書店裡，發現一本好書絕對是一件非常快樂的事情。

如何在書店裡快速找到需要的書呢？我們需要分析一下想找的主題屬於哪個類別，是育兒方面的，還是企業管理方面的，是演講類的，還是哲學類的。確定書的類別後，在書店就能很快找到相關書籍，因為同一類別的書往往放在同一區域。或者直接問一下圖書管理員，就省去了自己找的時間。

對於太貴的書或者市面上買不到的書，可以去借。「書非借不能讀也」，這句話確實有一定的道理。但是不要忘了，愛書之人一般不愛出借自己的書，遇到肯借書給你的人，你一定要珍惜，有借有還。

當求書不得時怎麼辦？「孔夫子舊書網」這類二手書網站會有意想不到的驚喜，在「微信讀書」之類的 App 上可以找到市面上大部分的電子書。

第三步，偵察閱讀，尋找與主題關聯的資料。

現在書單有了，我們就可以開始圍繞感興趣的問題進行主題閱讀了。

這個過程有點像我們隔空向作者提問，任何和主題相關的問題，或者大腦臨時冒出來的問題，都可以去書中尋找答案。

當然，要記得運用本書前面介紹的高效閱讀法的各項技能，快速尋找重點，提取核心內容，分析內容是否和主題相關，再看看作者是如何回應這些問題的。

用偵察閱讀法快速流覽，看看書中有沒有可以解決問題的內容。每本書花個 1～2 分鐘看一下外圍資訊，就能大概判斷有沒有你想要的答案。

前文提到過，外圍資訊就是書的封面、封底、目錄、序言、書腰上的資訊，這些資訊往往非常豐富。

僅透過一本書對相關主題進行了解是有限的，我們需要多**翻閱**幾本書，我的建議是至少要**翻閱** 10～20 本書，再從中篩選出適合你的。

有的書只不過是圍繞主題打了個擦邊球，或者只有一小部分內容和你關心的主題相關，這樣的書就可以直接淘汰掉。

記住，我們所要選擇的書，不僅要解決我們的問題，還值得我們花時間去閱讀。否則，買了一堆無用的書，不僅浪

費錢，還占用空間，扔掉可惜，送人不捨得，像雞肋一樣。

所以，在翻閱階段就可以直接淘汰一些書，不管它在不在書單上。

當我們透過快速流覽的方法，把需要的書全部抱回家後，要在兩天內對每一本書進行偵察閱讀。

為何要在兩天內呢？我在教學時，大量學員回饋，如果買書後沒有在兩天之內迅速翻閱，基本上就難以讀完。

我們要做的是，根據主題對每本書進行偵察閱讀。**偵察的方法就是根據主題迅速尋找我們需要的內容，並把與主題相關的內容用彩色筆圈出來，或者在閱讀時進行折頁。**

這個時候一定要記住，偵察內容是目的，因此要迅速向前翻閱，眼睛快速尋找相關內容，以平時 5 倍以上的閱讀速度，快速向前。遇到相關內容，就迅速圈出來，繼續快速向前。別停下，別思考，別記錄，只做個標記，圈出來或折頁即可。

每一本書都這樣進行。

透過偵察閱讀，我們會在每本書中收集到與主題相關的內容，當初只是感興趣，但有些模糊的主題，現在會更加具體，對相關內容也會有更深刻的認識。不僅如此，還可能有意外的發現和收穫。

第四步，分類歸類，再次閱讀，高效輸出。

現在，我們已經從每本書中找到了與主題相關的資訊，下一步我們要做的是，對這些資訊進行分類整理，篩選出有價值的次級主題，留下與主題相關的有價值的內容。我們還需要將篩選出來的資訊進行分類，以系統化、結構化的形式呈現出來。

這就好比從超市買菜回來，在放到冰箱之前需要把不同的蔬菜和食物進行分類，生熟要分開，肉類和蔬菜要分開，有的需要放到保鮮區，有的需要放到冷藏室，而不是一股腦兒塞到冰箱裡。

那怎麼分類呢？

先確定主題，然後建立框架，大主題下面再分小主題。 一般來說，一本書的書名是它的大主題，目錄是整本書的核心詞句，是大主題下面的小主題。

在進行主題閱讀時，我們可以選擇其中一本書的目錄作為分類主題。第二本、第三本、第四本，甚至更多的書，都以這個分類方式為基準。

正確的做法如下：

第一步，寫出分類主題。 除了該書的大主題外，一般下面還包括 3 個小主題：是什麼，為什麼，怎麼做，分別寫下

3 個對應的分類主題。

第二步，確定完畢之後，快速重讀與主題相關的內容。
比如想要重讀「怎麼做」這部分內容時，可以快速流覽找到該書中關於「怎麼做」的部分，如果有 3 處，就拿出 3 張便條紙，用關鍵詞或者關鍵句記錄核心內容，並寫上頁碼，貼到分類主題「怎麼做」下面。

在關注「怎麼做」這個小主題的同時，把「是什麼」「為什麼」的主題內容也記錄下來，放到相應的主題下面。

第三步，以同樣的方法，對第二本書、第三本書、第四本書進行快速閱讀和分類。

在這個過程中，要歸納要點，做好標記。本書前面介紹的閱讀技能和方法，此時都能派上用場。世上沒有白走的路，每一步都算數。

分類主題可以讓我們快速、清晰地了解不同作者對同一問題給出的答案或觀點。如果感覺有點模糊，還可以根據便條的提示快速查閱相應書籍中的相應內容。

如果覺得分類主題不太容易確定，可以試試**大綱主題輸出法**。

比如，我想了解心智圖這個學習工具，就從書單裡挑選

了 4 本心智圖的相關書籍來快速了解：

第一本是心智圖發明人東尼・博贊先生的著作《心智圖》。我圍繞主題快速閱讀後，將該書的內容分為 4 部分：第一部分，什麼是心智圖；第二部分，心智圖的益處；第三部分，如何繪製才是一張有效的心智圖；第四部分，如何有效應用心智圖。

透過閱讀第一本書，我獲得了心智圖這個主題的書籍的基本結構，然後將該範本的框架直接套用在後面的閱讀上。

第二本書，我閱讀的是姬廣亮老師的心智圖著作，就直接把姬廣亮老師著作中關於這 4 個問題的認識或結論直接摘出來。

第三本書，我閱讀的是劉豔老師的心智圖著作，同樣，看看劉豔老師對心智圖在這 4 個方面是怎麼闡述的。

第四本書，我讀了孫易新老師的心智圖著作，看看這位前輩是怎麼看待心智圖的這 4 個方面的。

然後，我就得到這樣一個心智圖主題閱讀的輸出表格：

書名	什麼是心智圖	學習心智圖的益處	如何繪製	如何學以致用
心智圖 作者：東尼・博讚				
心智圖 作者：姬廣亮				
心智圖 作者：劉豔				
心智圖 作者：孫易新				

　　從上述表格中看到，我對第一本書進行了主題分類，後面的幾本書也是以第一本書的分類為範本的。

　　再次強調一點，主題閱讀的目標是尋找答案，要根據問題或者目標進行閱讀，把注意力集中到跟主題相關的內容上。所以不要糾結於枝微末節。因此，我們不需要把一本書全部歸為己有，只要找到和目標或者問題相關的答案即可。

　　進行完主題閱讀後，如何進行高效輸出呢？
　　有兩種模式，一是興趣輸出法，二是大綱輸出法。

一、興趣輸出法

自己有清晰的框架。比如有人直接用 7 問分析法（即 5W2H 分析法）的結構，也有人用黃金圈法則，為獲得的知識進行有效分類，進而進行輸出。

黃金圈法則是一種思維模式，它把思考問題和認識問題畫成 3 個圈。

最裡面的圈層 Why 層：為什麼做一件事。

為什麼做──了解原因，明確需求，明確目標，強調目標，不斷提醒。

中間的圈層 How 層：怎麼做，是實現目標的途徑。

怎麼做──找到方法，了解步驟；向有經驗的人請教，向幸福的人學習；多溝通、多連結，展示自己的優勢。

最外面的圈層 What 層：做什麼，指的是事情的表象。

做什麼──提前準備，落實行動；根據以上兩步制訂具體的行動步驟。

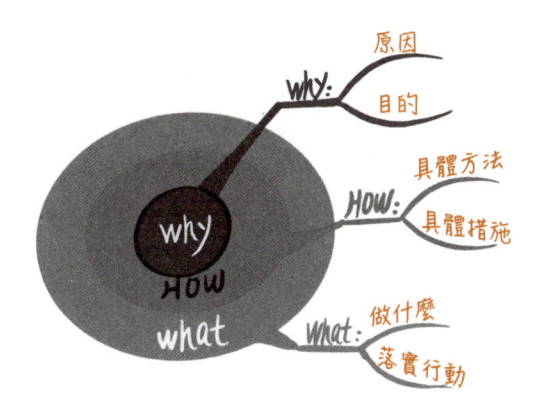

二、大綱輸出法

閱讀之後，選擇其中一本書的內容進行分類，分類時用一個關鍵詞進行歸納，用這樣的方式建立輸出框架。其他書的輸出框架以第一本為藍本。

比如上面列舉的關於心智圖主題閱讀的例子，我讀完博贊先生的書後，提取關鍵詞，對閱讀內容從 4 個方面進行分類，閱讀同一主題的其他書籍就以此為藍本進行輸出。

需要說明的是，這個表格輸出方法不是固定不變的，縱橫都可以延伸，而且可以根據需要增加內容。

比如第一本書有 4 個問題要問作者，後面 3 本書如果問題變多，就可以在第一本的基礎上增加分類。如果某本書的作者對某一欄的相應問題沒有解答，那麼這一欄空著即可。

如果還想看看其他作者對於這幾個方面的解讀，依然可以擴展。所以，這張表格，橫向可以增加問題，使得對主題問題有更全面的了解，有更深刻的認識；縱向可以增加書籍，讓更多作者「參與」主題討論。

以上是用表格方式進行的主題閱讀輸出。

其實，我們還可以用心智圖進行主題閱讀輸出。具體方法是：

1. 在中心位置寫上主題。
2. 在主幹上畫一本書，寫上不同的書名；如果書名很長，可以直接寫作者名字，更能感受到作者就坐在你對面，你正在向他請教問題。
3. 每本書的次級分支上寫該書作者解決你問題的核心內容。
4. 拓展內容，將作者解答的內容一一放到心智圖之中。
5. 用關聯線或者色塊，關聯同類答案，便於進一步分析。
6. 在心智圖的反面寫上思考與行動，這是很關鍵的一步。

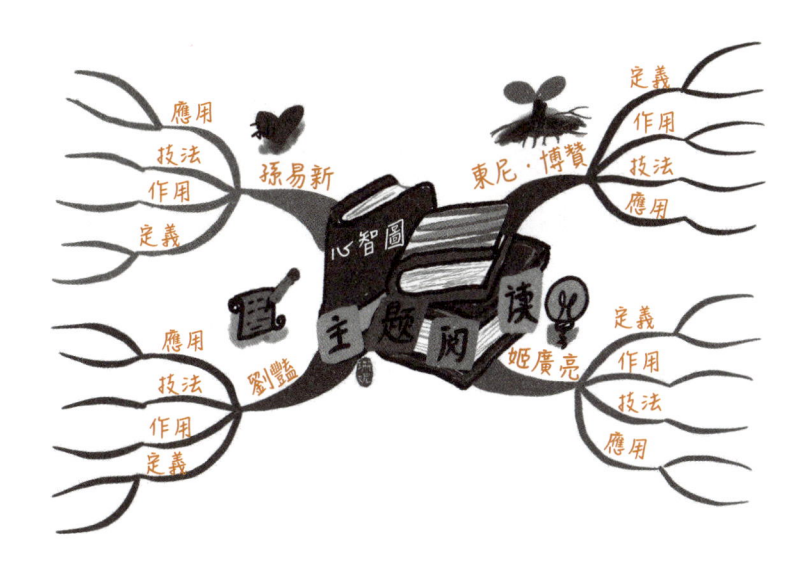

用心智圖進行輸出時，可以先用一支筆、一頁紙進行輸出，可以是詞，也可以是句子。然後再用彩色筆按照自己的需求對關鍵詞進行第二遍梳理。

實際上，第二遍梳理之後才能達到轉化。在第二遍進行心智圖輸出時，可以直接將思考和行動放在最後一個分支上。

主題閱讀，無論是透過表格輸出，還是透過心智圖輸出，目的都是讓閱讀不再碎片化，形成知識組塊，且讓輸出可視化。

一個愛閱讀的人可以透過兩種方式從書中獲益：一種是學習書中的知識，再把知識轉化為現實世界的競爭力；另一種是透過感知歷史先例和人格範本獲取意義資源，把自己融入更大的共同體制中找到同盟軍，從而獲得力量。

　　主題閱讀實現了知識從輸入到內化，再到輸出的過程，需要讀者主動進行思考。這個過程是強烈而艱辛的，也是充滿樂趣的，在構建知識體系的同時，學習者心智上的理解力、認知能力均能得到飛速提升。最後，透過運用所學的知識解決生活中的問題，才是主題閱讀的真正價值。

我們將問題型主題閱讀的流程，歸納如下：

　　第一步，確定一個主題，或者提出一個問題。

　　第二步，準備做主題閱讀的書單，新手 3 本以上，一般 5 本以上。

　　第三步，偵察閱讀，快速翻閱，尋找與主題關聯的內容。

　　第四步，分類歸類，再次閱讀，心智圖輸出，找到答案。

　　對同一個主題，一般需要幾本書來閱讀呢？

這個沒有固定的答案，一是看自己的時間，二是看自己的胃口，只要你覺得已經解決了自己的問題，便可以就此打住。

跨界主題閱讀法

創新有兩種方式：

第一種是要成為某個領域內最頂尖的人才，只有站在頂端，才有超越的可能。「會當凌絕頂，一覽眾山小」就是這個意思。

對普通人來說，要成為某個領域最頂尖的人物，會比較困難。因為總有人比你出發得更早、走得更遠，他們已經在該領域耕耘了很久。後來者即使要達到前輩同樣的水準，也勢必要花很多的時間和精力。

第二種是跨界，它為我們提供另一種達成創新的可能性。

所謂跨界，就是進入一個領域，了解該領域的核心內容，把該領域的一些知識，有意識地與你所掌握的某個主題知識進行有機融合，生成新的成果。

一般來說，要想真正了解一個領域，至少需要閱讀 10 本相關的書：**兩本簡單的入門書、4 本中等難度的書、兩本較高難度的書，最後再閱讀兩本跟這個主題無關的書。**

為何這樣分配呢？

進入任何一個領域，我們都要從學徒開始學起。如果想對閱讀產生興趣，克服抗拒情緒，就需要從簡單的、容易的書開始閱讀，迎合大腦的興趣。經過前期的累積，你會發現，原來感覺閱讀起來有困難的書，現在不再那麼難了。

在閱讀活動中，我總是反覆強調：

在允許的情況下，不要為難自己去閱讀。

如果一開始就挑兩本最難的書來讀，可能很快就會對這個主題失去興趣。因為讀不懂，我們大腦就會抑制我們繼續閱讀，這是一種正常的心理機制。

舉個例子，我有個朋友想讀西方哲學，聽別人的建議上來就選擇康德的《純粹理性批判》、叔本華的《作為意志和表像的世界》、沙特的《存在與虛無》等書。我敢肯定，他的閱讀絕對停留在前幾頁，然後束之高閣。

沒有基本的知識儲備和累積，我們不可能讀懂這樣的書。不如從入門書開始閱讀吧，趙敦華的《西方哲學簡史》、羅素的《西方哲學史》可以讓我們更輕鬆地走進哲學

的殿堂，一窺其中的風景。

從兩本最簡單的書開始讀起，相對來說會比較容易懂，大腦也不會排斥。等看完這兩本比較簡單的入門書後，再來看 4 本中等難度的書，就會覺得中等難度的書也沒那麼難了。

看完前面兩本入門書和 4 本中等難度的書後，再來閱讀兩本難度程度極高的書，就會覺得它們並非不可攻克。最後再讀兩本和這個主題無關的書，用其他領域的視角來審視這個領域的知識，相信你會有新的收穫、新的感受，這就是創新。

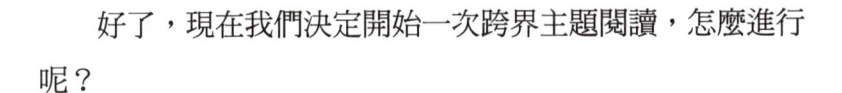

好了，現在我們決定開始一次跨界主題閱讀，怎麼進行呢？

第一步，確定要進入的領域。
比如親子育兒領域、心理諮詢領域、時間管理領域或金融理財領域都可以，主題根據自己的需求或興趣而定。

第二步，準備 10 本書。
準備兩本簡單的入門書，4 本中等難度的書，兩本較高

難度的書，最後再看兩本跟這個主題無關的書。

第三步，對前面的 8 本書進行快速閱讀。
快速翻閱之後，會對本領域有一個基本了解，在此基礎上再重新建構閱讀大綱。這樣翻閱完畢之後，就能夠知道哪些書比較經典，哪些書只是入門書。

第四步，進行深入閱讀。
重新閱讀，找出核心詞彙的關鍵詞釋義。一邊閱讀，一邊折頁、畫圈、標注重點，迅速向前，別停下。

第五步，分組歸納，輸出心智圖。
這一步和問題型主題閱讀做法一致，在歸納與輸出的過程中，相當於再次閱讀了一遍書，對書的內容再一次加深印象。

第六步，閱讀兩本無關的書。
將與主題有關的思考與關聯，補充到心智圖之中。如果後面還有什麼新的見解，也補充到心智圖中。甚至可以做多張心智圖，形成對這個領域的見解。

跨界主題閱讀這種創新的閱讀法，會獨特一些。但這種

創新方式是你所獨有的,是你從其他主題當中借鑒過來的,這並不是所有人都能發現和複製的,這就形成了你獨有的優勢。

反向主題閱讀法

學習過獵豹閱讀法的朋友,很快就能達到每年 100 本書以上的閱讀量。這些已經閱讀過的書中,有沒有同一主題的內容呢?

答案當然是:有。

在對這些讀完的書進行整理歸類時,你會發現這些書屬於不同的類別,有管理類的書,有關於育兒的書,有關於飲食健康的書等。只不過對你來說,之前閱讀時沒有刻意將其進行系統化的主題歸類。

現在,我們回過頭來對這些已經讀完的書進行系統化的分類,就是反向主題閱讀:在閱讀完幾十本書之後,再歸納分類,反向推出一個主題。

我相信這個工作應該是很輕鬆的,因為你已經讀過一遍相關的書籍了,還可能已經透過心智圖之類的工具進行了輸出,可以直接拿出來用。

反向主題閱讀的流程如下：

第一步，心智圖分類。把閱讀過的書的心智圖都找出來，進行分類，相同類別的放在一起。

第二步，複習心智圖。用一分鐘時間，按照類別複習心智圖筆記，根據筆記回憶閱讀過的內容。如果回憶不起來，就再去看一下書中的內容，提取出核心詞。

第三步，將內容歸納分類。把心智圖中相同的內容進行歸納分類，用鉛筆或者馬克筆做個記號。

第四步，繪製新的心智圖。經過剛才的梳理後，確定一個主題，按照分類繪製新的心智圖，形成對這個主題的系統化認識，並把各個作者的類似觀點、不同觀點、矛盾點，以及感悟與行動等呈現到一張心智圖上。如果發現有新的內容，就直接添加到新的心智圖之中，形成對這個主題新的認識。

從原有的閱讀書籍中歸納出新的主題，或形成對該主題新的認識，這是反向主題閱讀的靈魂。

看到這裡,是不是覺得反向主題閱讀法很簡單?是的,其實它沒有你想像得那麼難,你現在唯一需要做的就是去行動、去嘗試,然後就會發現,哇,原來這麼容易。當然,如果你不下水,只是在岸邊看,看起來的確容易,但還是不會游泳。

主題閱讀之最小行動

主題閱讀，是一種非常好的閱讀工具，可以幫助我們快速建立知識大廈。

一本書或某個人無法幫我們看清事物的全貌，只有把所有內容集合起來，才能盡可能地讓我們看清事物的真相。

學習的過程其實就是在玩一款有規律的拼圖遊戲，每本書所提供的都只是一個或者幾個拼圖碎片，只有我們把每一本相關領域的書進行整合，全部搜集起來，然後按照心智圖的結構還原回去，才能夠看到事物的本來面貌。

圍繞一個主題進行相關資訊的搜尋，並進行可視化、結構化的呈現，會讓我們對相關內容有更加清晰的了解，看看作者是如何證明自己觀點的，看看他的邏輯是否嚴密、是否有漏洞。

分析的過程，就是與多位作者不斷對話的過程。這樣的形式，有利於促進我們思考，有利於我們用全域觀去看一件事，把握事物本質。

一次主題閱讀，就能形成一個小型的知識體系；長期堅持下去，就能形成深厚的知識體系。當多個知識體系相互打通的時候，就構建了一個大的學科甚至領域的專業知識。

專業和非專業的區別，就在於這種系統的知識體系有多少。具備的知識體系越多，解決問題的能力也就越強。

獵豹閱讀法的宗旨是，增加可利用的學習機會，為學習創設新的途徑，並消除對學習的畏難情緒，推動我們積極努力，而不是膽怯等待。

本書介紹的幾種主題閱讀法，帶來的是對不同閱讀技巧的嘗試，不僅能幫助我們提升閱讀數量，更能帶來閱讀能力的顯著提高，值得每一個人掌握。

下面是主題閱讀應用的最小行動，快展開行動吧：

主題閱讀之最小行動

1. 可以把主題閱讀的內容做成音頻、影片、課程等不同形式，加深理解，形成系列，進行傳播。
2. 每天用便條紙記錄一兩個問題。問題可以是在閱讀時遇到的，也可以是在生活中遇到的。
3. 每週對一個熱愛的問題進行搜尋和閱讀。如果發現解決不了這個問題，也可以變成主題研究和探索。
4. 學會輸出和分享。只有能夠完成輸出和分享，才算是把書中的知識變成自己能力的一部分。

一本書是孤立的，多本書之間才可能產生聯繫，而相關的多本書之間，就形成了一個專業的知識體系。因此，閱讀

不但能使你變得專業，聚焦一個領域，成體系地閱讀，還能使你有充足的話語權。

國家圖書館出版品預行編目(CIP)資料

獵豹閱讀法：如何快速讀透一本書 / 吳珊珊著.
-- 初版. -- 新北市：虎吉文化有限公司, 2025.01
　面；　公分. -- (Method ; 6)
ISBN 978-626-98356-9-0(平裝)
1.CST: 讀書法　2.CST: 閱讀指導
019.1　　　　　　　　　　　　　114000097

虎吉文化

Method 06
獵豹閱讀法
如何快速讀透一本書

作　　者	吳珊珊
總 編 輯	何玉美
封面設計	丸同連合
排　　版	陳佩君
行銷企畫	鄒人郁
發　　行	虎吉文化有限公司
地　　址	新北市淡水區民權路 25 號 3 樓之 5
電　　話	（02）8809-6377
客　　服	hugibooks@gmail.com

經 銷 商	大和書報圖書公司
電　　話	(02)8990-2588

印　　刷	沐春行銷創意有限公司
初版一刷	2025 年 1 月 24 日
定　　價	400 元
ＩＳＢＮ	978-626-98356-9-0

猎豹阅读法：如何快速读透一本书
本書中文繁體版由四川一覽文化傳播廣告有限公司代理，經機械工業出版社有限公司授權出版

版權所有・翻印必究

HUGIBOOKS

HUGIBOOKS